anno per anno
jahrein - jahraus

Jahreszeiten verändern das Gesicht
der Schöpfung immer wieder neu-
als wäre es das erste Mal.

Menschen finden zusammen;
Kinder werden geboren;
oft heißt es Abschied nehmen.
Situationen verändern sich.

Dankbar legen wir alles
in Gottes Hand.

Jahrein - jahraus

Wir wünschen Ihnen viel Freude mit
unseren neuen Stick- und
Dekorationsideen.

Ihre
Meike und Ute Menze

Schweden-Frühling

Bienvenue

Frühlingspferd

Blaue Tulpen

Blüten am laufenden Band

Porzellana

Blüten-Enten-Nest

Yellow

Frühlingsbotenband

Herz, blau

Blütenhasen

Blüten am laufenden Band

dunkelblau

Hoppla

Blütenhasen

Herrlich

Wenn ein Kind getauft wird...

Rosinen des Alltags

es ist 6 Uhr morgens
du rufst nach mir
mühsam quäle ich mich aus meinem Bett
nehme dich behutsam hoch
in meine Arme
und halte dich

ich spüre
wie du dich langsam „entfaltest"
und streckst
ich höre
deine leisen wohlklingenden Grunzlaute
an meinem Ohr
vor Müdigkeit noch etwas wankend
gehe ich zur Wickelkommode
lege dich dort langsam ab
und mache mich ans Werk

während ich all meine Kräfte und Sinne
zusammennehmen muß
um meine Aufgabe gut zu machen
schaust du
mittlerweile schon ganz wach
neugierig umher
und fängst an zu erzählen

was du geträumt hast
wie du dich fühlst
worüber du nachdenkst
und lächelst mich dabei an
ja und dann lachst du sogar

Herrlich!

Wie dankbar bin ich meiner Frau dafür
daß ich diese Rosinen des Alltags
herauspicken darf
und daß sie aus Liebe zu mir
noch etwas länger im Bett liegen bleibt

Arndt H. Menze

Herz, grün

Gartenkränzchen

Gartenkränzchen

Campanula

Fuchsie

Frühlingsbotenband

Herz trifft Herz

Heiterkeit !

Schweden - Herbst

Bienvenue

Die Winters

Patchworksterne

Himmelswege

Freunde, blau

Freunde, blau

Karierte Weihnachten

Freunde, grün

Der kleine Engel Michael erzählt vom Paradies

Der kleine Engel Michael
traf einmal Max beim Spiel.
Max blickte auf und fragte ihn,
wie ihm das Paradies gefiel.

Jener sprach: gern bericht' ich dir von diesem Ort,
an dem das Lachen wohnt,
an dem Wärme und Trost zu Hause sind,
und die Liebe über allem thront.

Im Paradies, da nimmt man dich, so wie du bist,
da spielt man gern mit dir.
Auch du siehst dich in andrem Licht
und kannst dich freu'n an dir.

Da bat der Max den Michael:
lieber Engel, bring mich dorthin.
Da ist's viel schöner als hier bei mir.
Ich weiß, daß ich dort glücklich bin.

Der Engel lächelte und sagte sanft:
lieber Max, was du suchst liegt doch ganz nah.
Überall dort, wo du geliebt wirst und selber liebst,
ist Himmel, ist Paradies schon da.

Arndt H. Menze

Engelband

Blüten-Enten-Nest Yellow

Farbige Abbildung Seite 1

Nur 1/2 Stich (Unterstich) bei folgenden beiden Farben: 2597 2599

2319 2320 2501 2912 2727 2797 2502

Steppstich: 2371
Auge: 2371 Symbol

Materialangabe: ca. 30 x 30 cm Leinen, 12-fäd.

DMC-Fil-Fleur-Garn: 2319, 2320, 2371, 2501, 2502, 2597, 2599, 2727, 2797, 2912

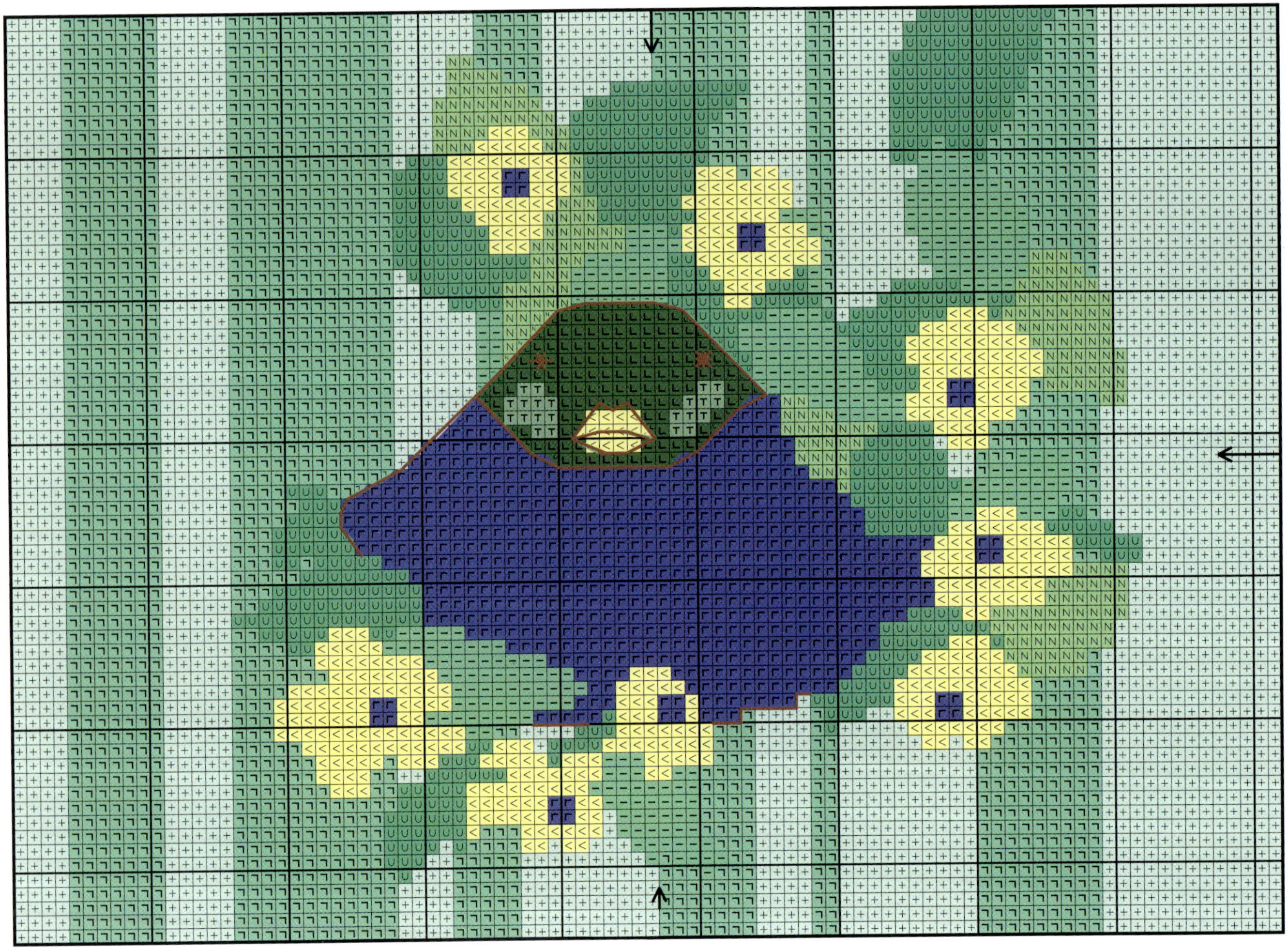

Frühlingspferd

Farbige Abbildung Seite 3

2742 2986 2905 2797 2799

Knötchen: 2742 2797 Steppstiche: 2905

Materialangabe: 0,60 m Leinenband, gebleicht, 20 cm breit, Art.-Nr: 900/200

DMC-Fil-Fleur-Garn: 2742, 2986, 2905, 2797,2799

Dekoration-Herzbügel Art.Nr. 1509

Frühlingsbotenband

Farbige Abbildung Seite 4

In den farbigen Blöcken hinter den Tulpen wird nur der Unterstich gestickt.

blau/gelb

T 2725   \ 2727   ∩ 2909   – 2911   o 2912   > 2797   ⊥ 2322   : 2799   × 2359

Steppstich: ——— 2797 Buchstaben umranden

Materialangabe: 0,85 m Leinenband, 20 cm breit, Art.-Nr.: 900/200

DMC-Fil-Fleur-Garn: 2322, 2359, 2725, 2727, 2797, 2799, 2909, 2911, 2912

Dekoration Art.Nr. 1506

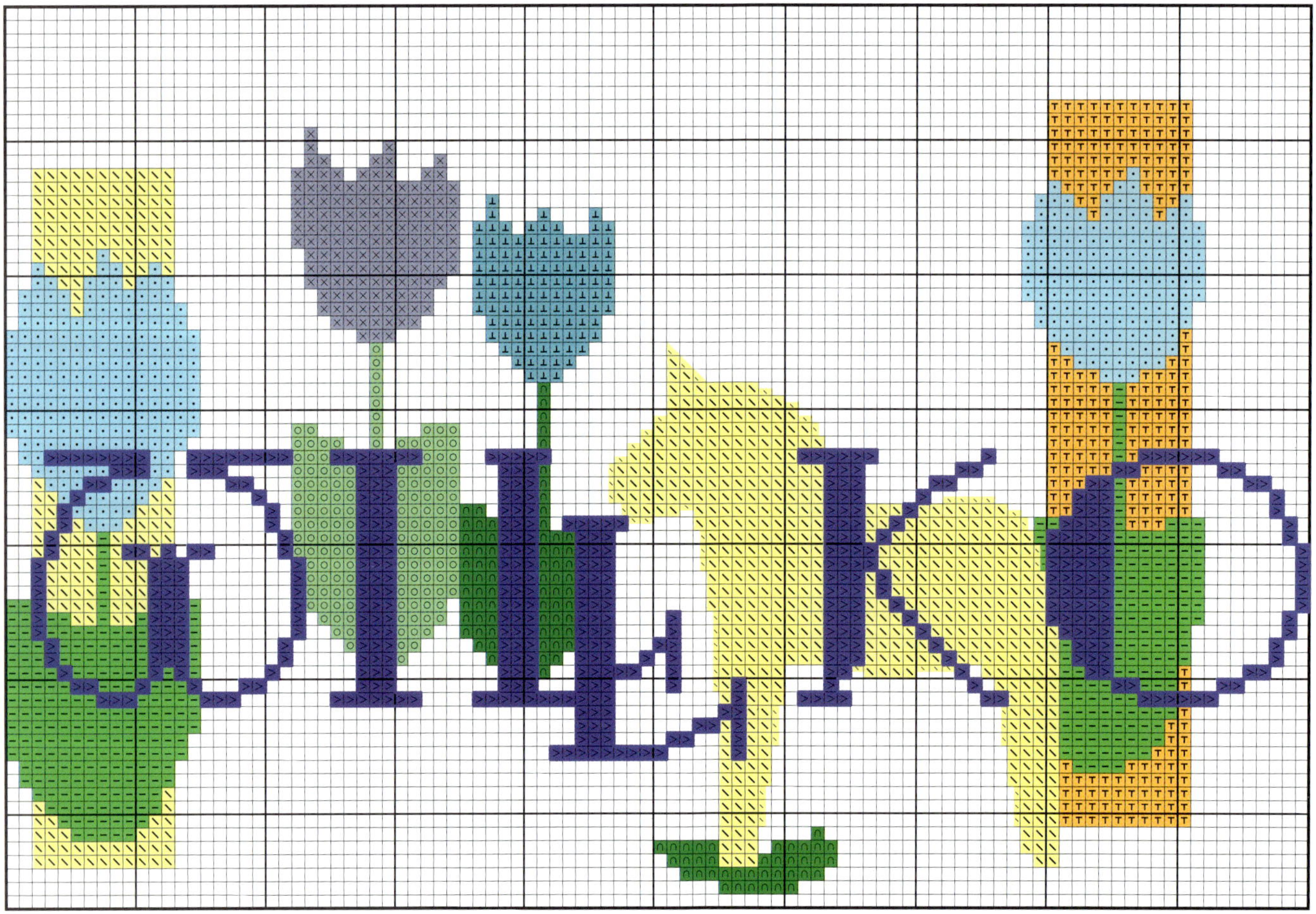

Farbige Abbildung Seite 10

Frühlingsbotenband

terrakotta

2035 2045 3001 2000 2099 3114 2035 2084 1049

Steppstich: ——— 3114 Buchstaben umranden

Materialangabe: 0,80 m Leinenband, 16 cm breit, Art.-Nr.: 2011/160/104

Vaupel + Heilenbeck Garn : 1049, 2000, 2035, 2045, 2084, 2099, 3001, 3114

Dekoration Art.Nr. 1507

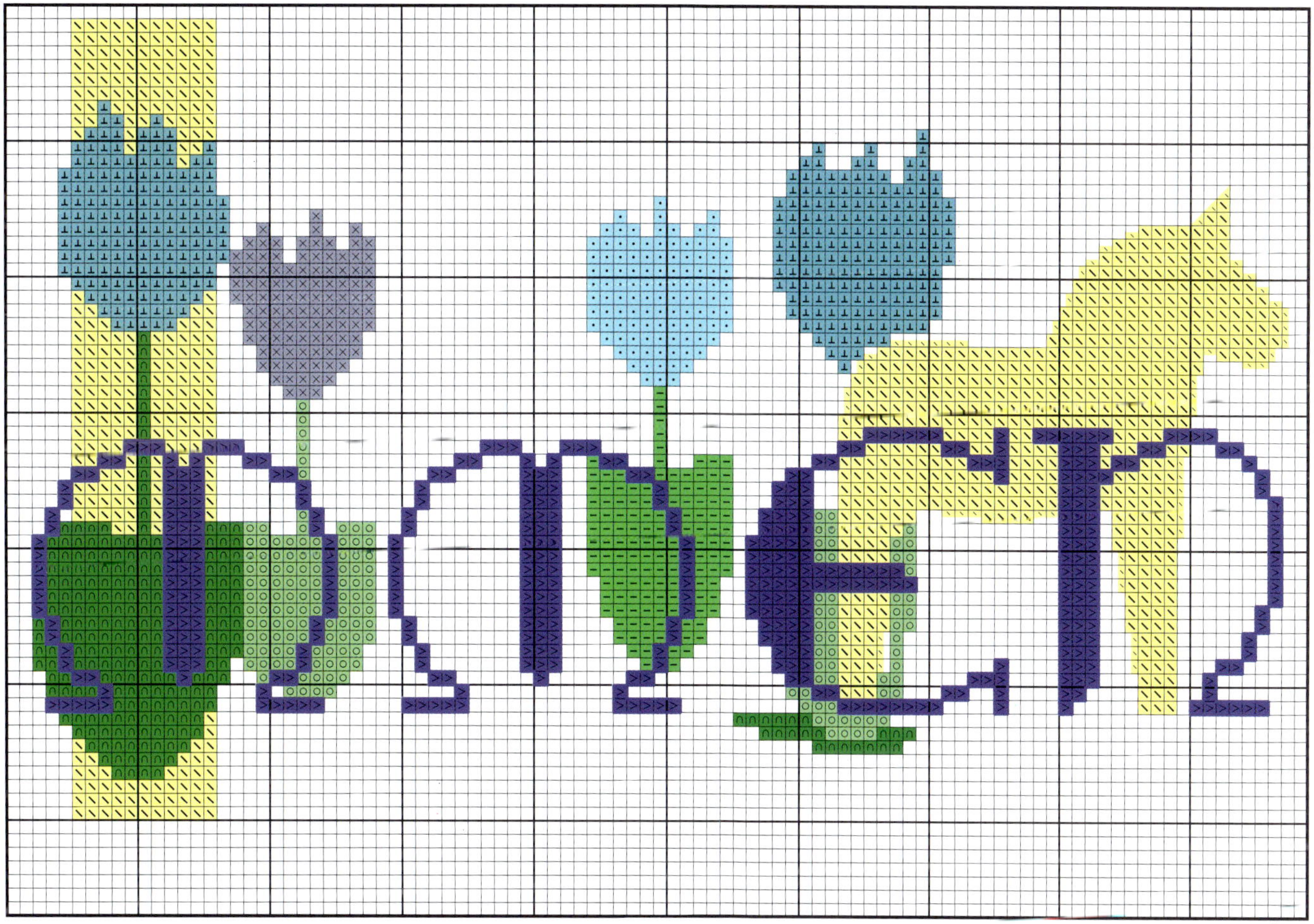

Verteilen Sie die Blüten entsprechend der Abbildung auf dem Band.
Die Blüten müssen korrekt auf den Karogrenzen positioniert werden.
Die waagerechten und senkrechten Linien dienen zur Orientierung auf dem Leinenband.
Sie werden nicht gestickt!!!

Bunte Blumen auf Karo gelb/grün

2326 / 2532 2502 / 2499 2499 2346 / 2359 2902

Knötchen: 2902 / 2532 Steppstich: 2902 / 2532

Materialangabe: 1,20 m Leinenband, "anno per anno" grün/gelb Art.-Nr.: 2020/200/210207

DMC-Fil-Fleur-Garn:2 x 2346, 2326, 1x 2502,2499,2902,2359,2532

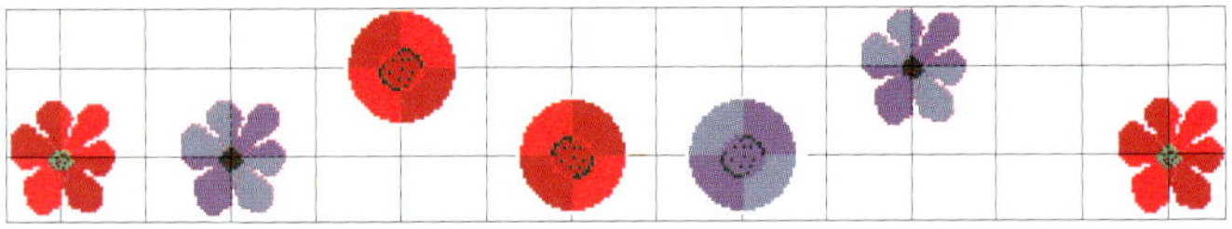

Farbige Abbildung siehe Titelbild

Blüten am laufenden Band

(gelb/porzellana blau oder gelb/dunkelblau)

2099 2013 oder auf dunkelblauem Karo 2071 2084

Knötchen 2013 Steppstiche: Ton in Ton

Materialangabe: 1,20 m Leinenband, "anno per anno", gelb/porzellana Art.-Nr.: 2020/200/210213

oder 2,0 m Leinenband, "anno per anno", kräftigblau/grün Art.-Nr.: 2020/200/210214

Vaupel + Heilenbeck Garn: 2 x 2013 bzw. 2071, 2099, 2 x 2361

Blütenkranz Art.Nr. 1511

Ton-Ente Art.Nr. 6207

Mohnblüte gelb Art.Nr. 1512

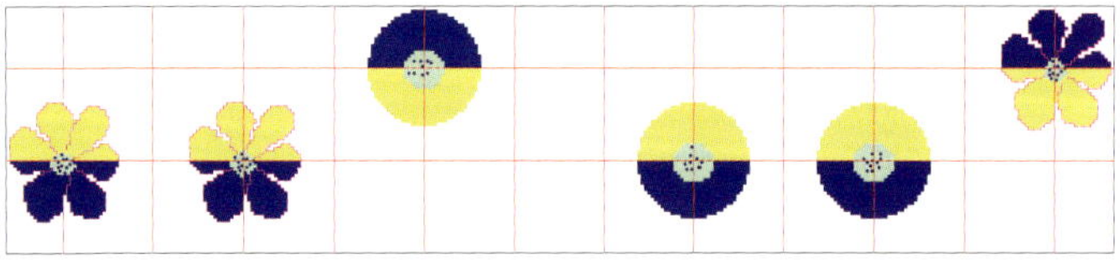

Farbige Abbildung Seite 1 (porzellana)

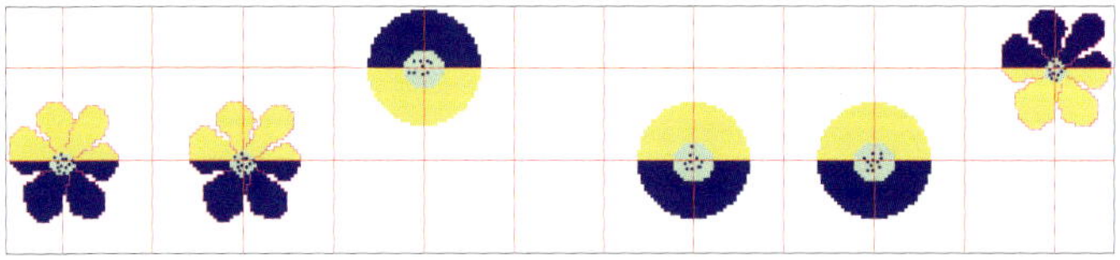

Farbige Abbildung Seite 5 (dunkelblau)

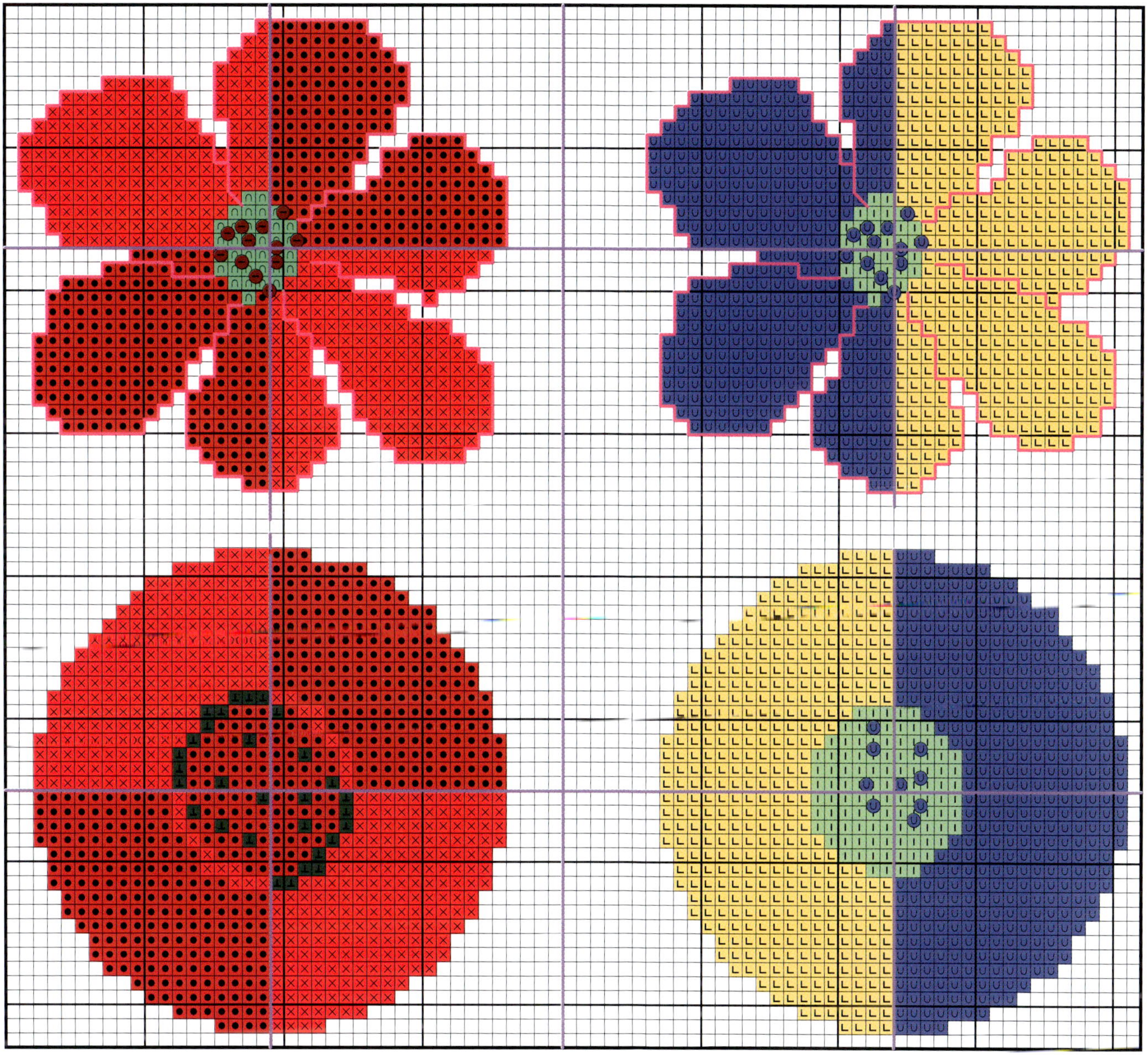

Farbige Abbildung Seite 2

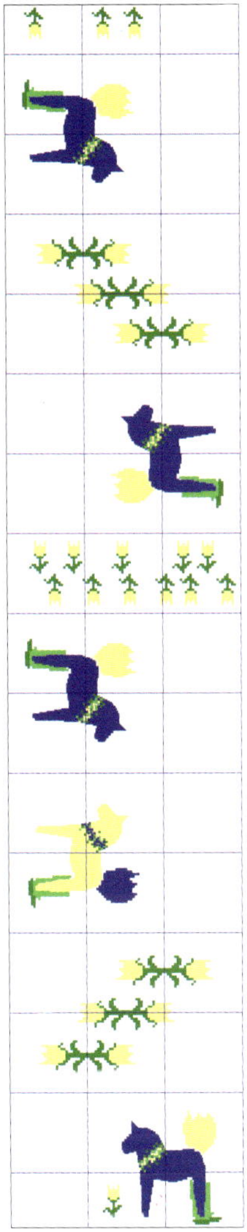

Schweden - Frühling

Farbige Abbildung Seite 2

2727 2986 2906 2797

Knötchen: 2727 2797

Materialangabe: 1,85 m Leinenband "anno per anno", 20 cm breit, Art.-Nr.: 2020/200/201213

DMC-Fil-Fleur Garn: 2 x 2727, 2 x 2797, 2906, 2986

Setzen Sie die einzelnen Motive entsprechend der Abbildung auf das Karoband.
Dabei muss auf die korrekte Positionierung auf den Karogrenzen geachtet werden.

Die roten Steppstichlinien werden nicht gestickt.
Sie dienen lediglich als Orientierungshilfe auf dem Karoband und markieren den Karoschnittpunkt.
Blütenkranz Art.Nr. 1510

Blaue Tulpen

Farbige Abbildung Seite 3

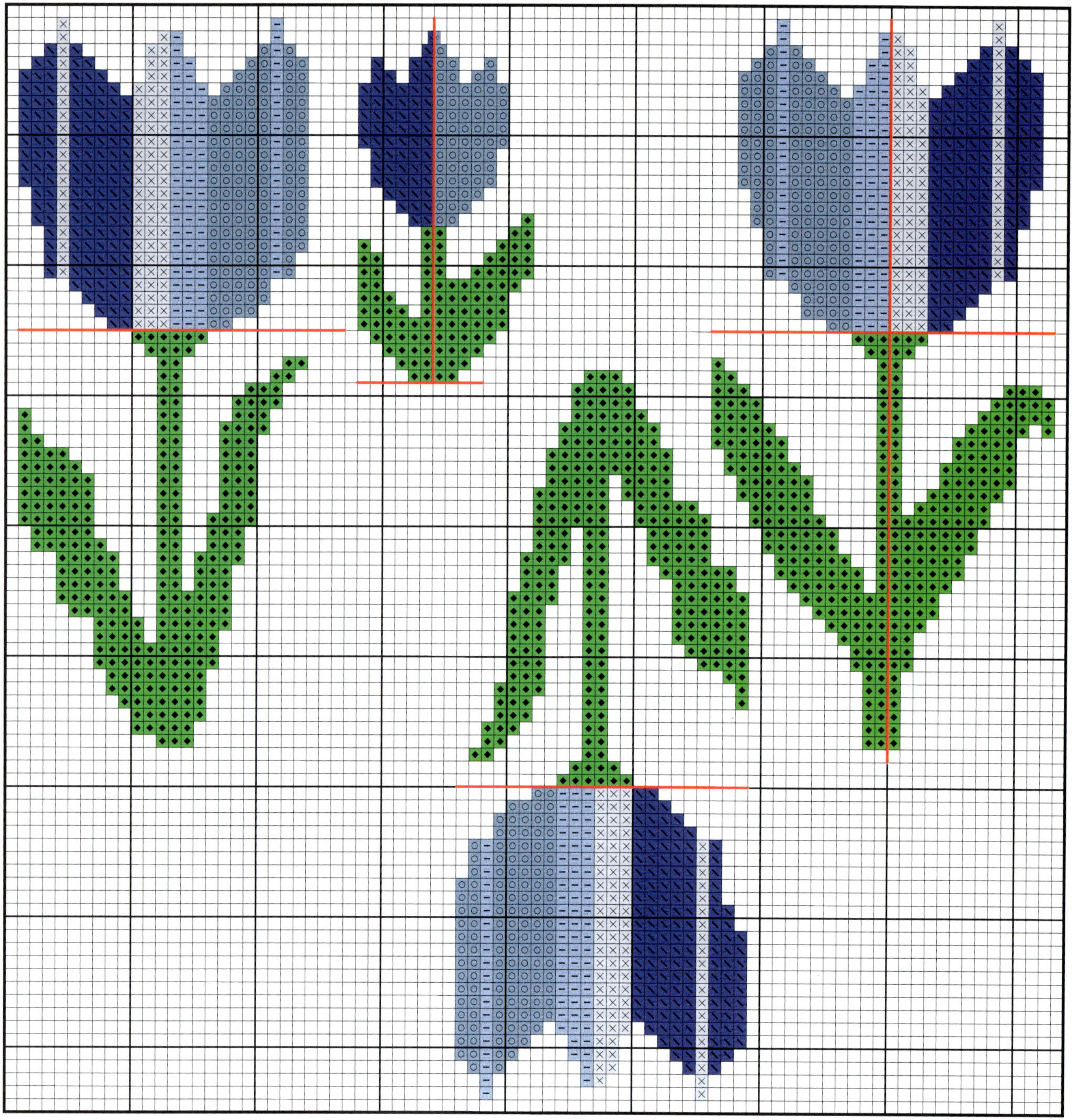

25

Blaue Tulpen

Farbige Abbildung Seite 3

1485 2013 3101 1022 3403

Die Tulpen werden entsprechend der Abbildung auf dem Karoband verteilt.
Sie können auch auf dem Kopf (Leinenband drehen) gestickt werden.
Bei der Anordnung der Tulpen sollte auf die korrekte Positionierung innerhalb der Karogrenzen geachtet werden.
Die roten Linien helfen dabei. Sie dienen zur Orientierung auf dem Karoband und werden nicht gestickt.

Materialangabe: 2,0 m Leinenband "anno per anno", porzellana/grün, Art.-Nr: 2020/200/207213

Vaupel + Heilenbeck Garn : 1022, 1485, 2013, 3403, 2 x 3101
Traumvogel groß Art.Nr.6405 Traumvogel klein Art.Nr.6406 (4-Farbmöglichkeiten) Blütenkranz Art.Nr.1513

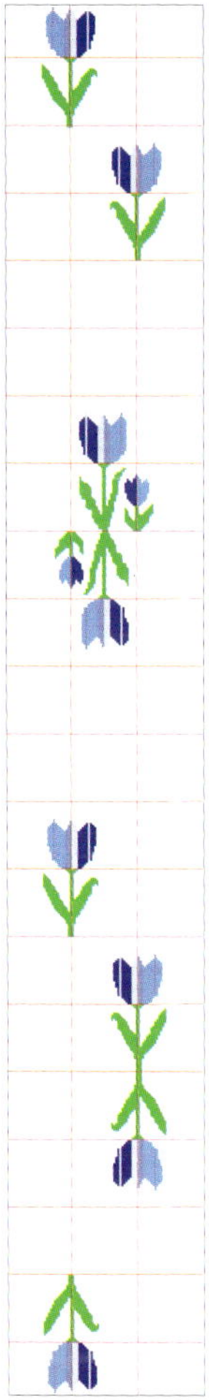

Wenn ein Kind getauft wird...

Farbige Abbildung Seite 7

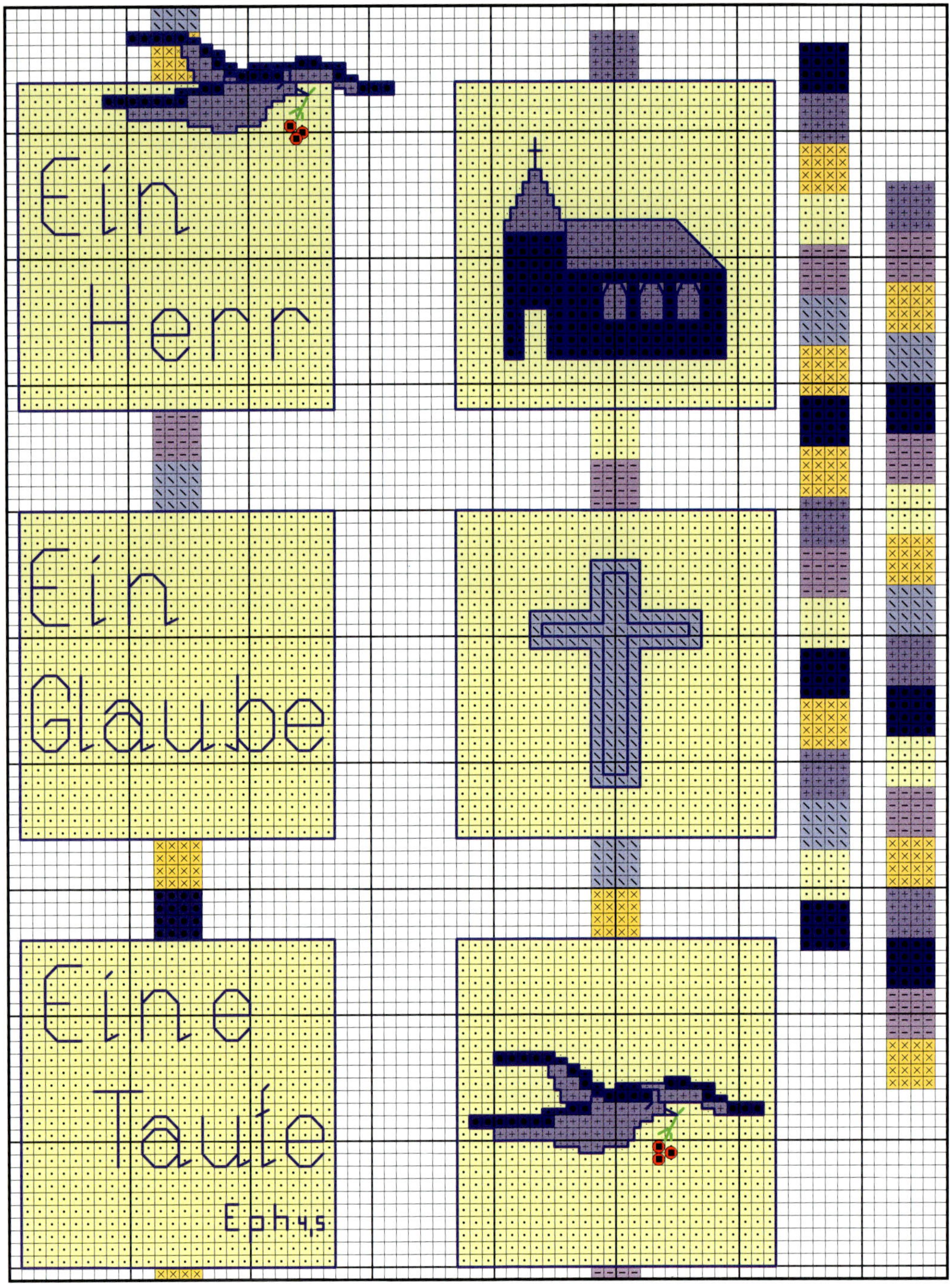

Wenn ein Kind getauft wird...

Farbige Abbildung Seite 7

1022 3332 3403 2082 2084 3822

Steppstiche: 3822 2001 Knötchen: 1105

Die Karo-Linie (sieheTeilstücke) wird über das ganze Band bis zur Spitze gestickt.

Materialangabe:

Tischband : 1,20 m Leinenband 10 cm breit Art.-Nr. 900/100
Kerzenband: 1,30 m Leinenband 7 cm breit Art.-Nr. 1075/70/1

Vaupel + Heilenbeck - Garn : 1022, 1105, 2001, 2 x 2082, 2084, 3332, 3403, 3822
Blütenkranz Art.Nr.1514

Farbige Abbildung Seite 5

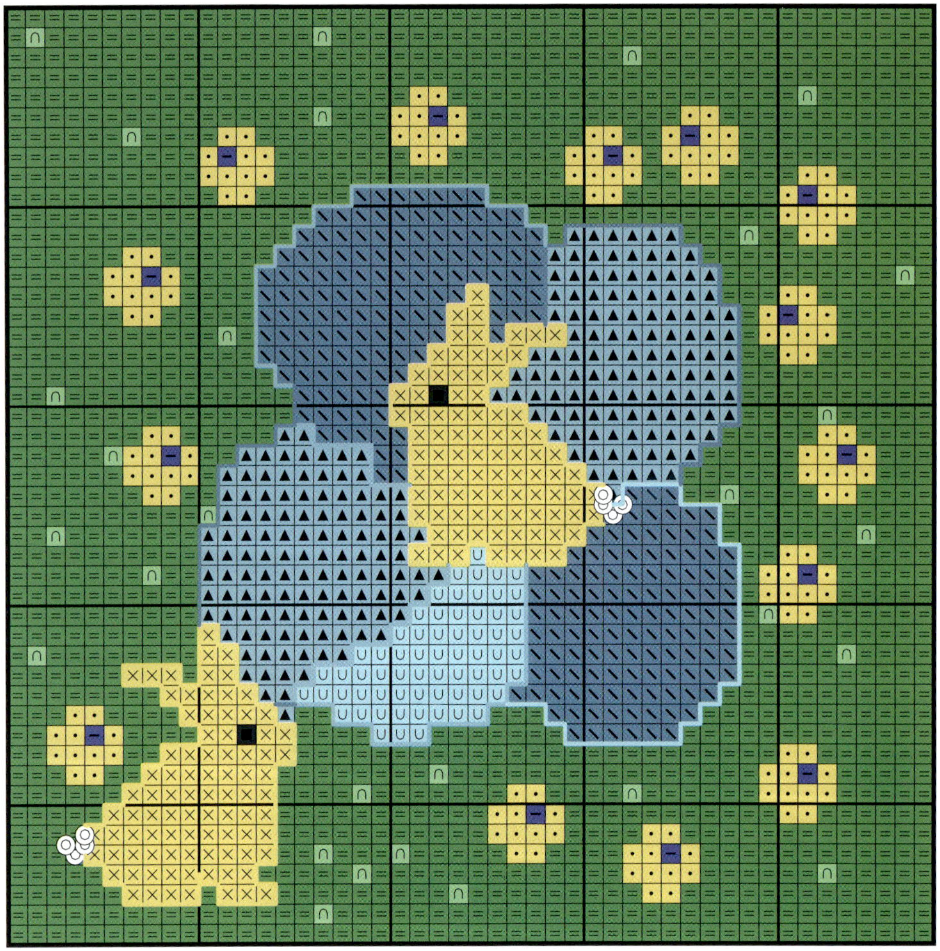

Blütenhasen in 3 Farbvariationen

Farbige Abbildung Seite 5

Gelber Hase auf blauer Blüte

▪▪ 2310 ×× 2748 ⋱ 2798 ∶ 2748 ⚋ 2797 ∩∩ 2788 ▲▲ 2797 ∪∪ 2322 ≡ 2986

Knötchen: ◎ blanc

Brauner Hase auf orangener Blüte

▪▪ 2725 ×× 2898 ⋱ 2725 ∶ 2836 ⚋ 2725 ∩∩ 2788 ▲▲ 2766 ∪∪ 2836 ≡ 2986

Knötchen: ◎ blanc

Blauer Hase auf blauer Blüte

▪▪ blanc ×× 2797 ⋱ 2798 ∶ 2797 ⚋ 2798 ∩∩ 2911 ▲▲ 2333 ∪∪ 2359 ≡ 2912

Knötchen: ◎ blanc

Die Hasen werden Ton in Ton umsteppt.
Die Blütenblätter werden jeweils in einer anderen Blütenblattfarbe umsteppt.

Materialangabe: Je 1 Döckchen DMC-Fil-Fleur-Garn in den oben angegebenen Farben.

je ca 20 cm x 20 cm Leinen, 12-fäd.

Dieses Motiv lässt sich auch sehr schön auf breitem Leinenband sticken,
z.B. 900/120 oder 901/120.
Rahmen gelb Art.Nr.94067 gelb
Rahmen blau Art.Nr.94067 blau

Hoppla

Farbige Abbildung Seite 6

2726 | 2797 | 2799 | 2719 | 2911
2798 | 2916 | 2917 | 2310

Knötchen: blanc, 2726 Steppstiche: 2909, 2726, 2798, 2719

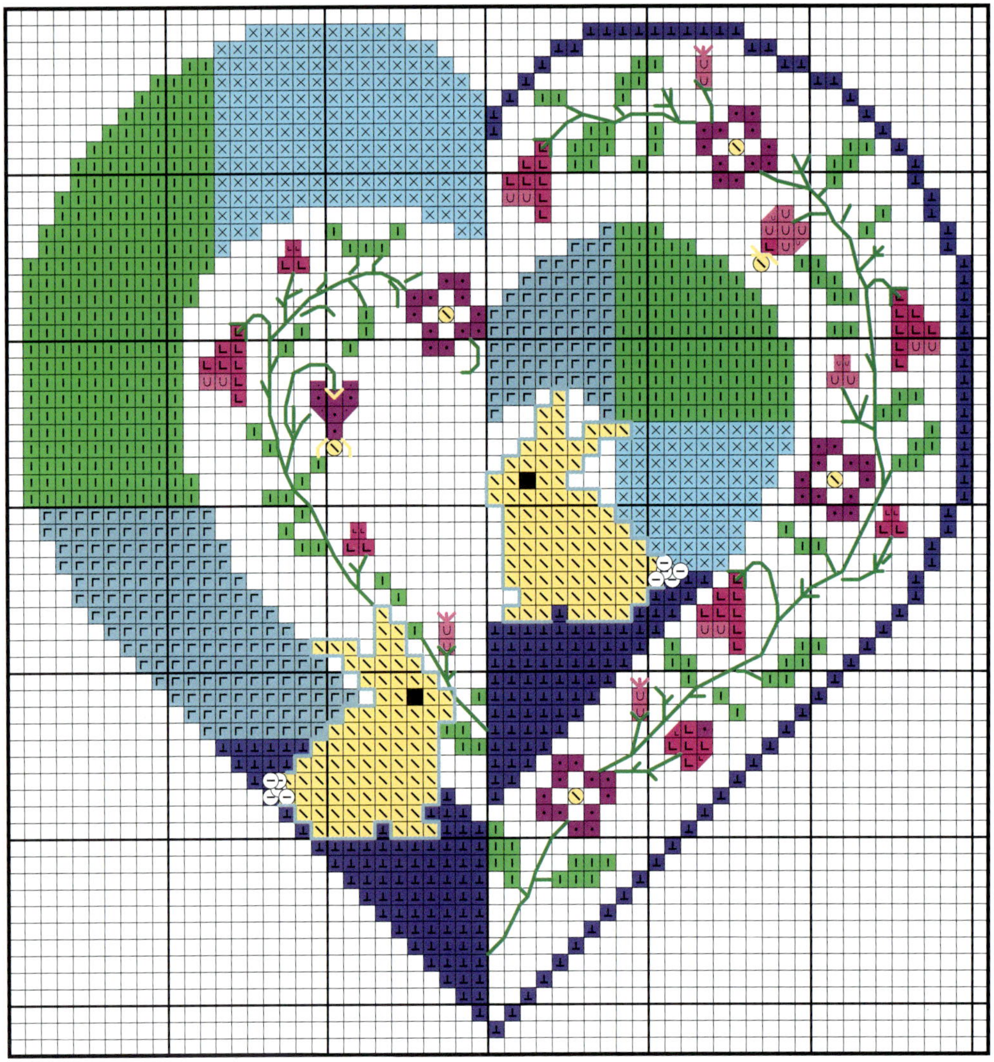

Hoppla

Farbige Abbildung Seite 6

Materialangabe: 12-fäd. gebl. Leinen, 25 x 35 cm

DMC-Fil-Fleur-Garn: blanc, 2310, 2719, 2726, 2797, 2798, 2799, 2909, 2911, 2916, 2917

Rahmen Art.Nr.94067 blau/gelb

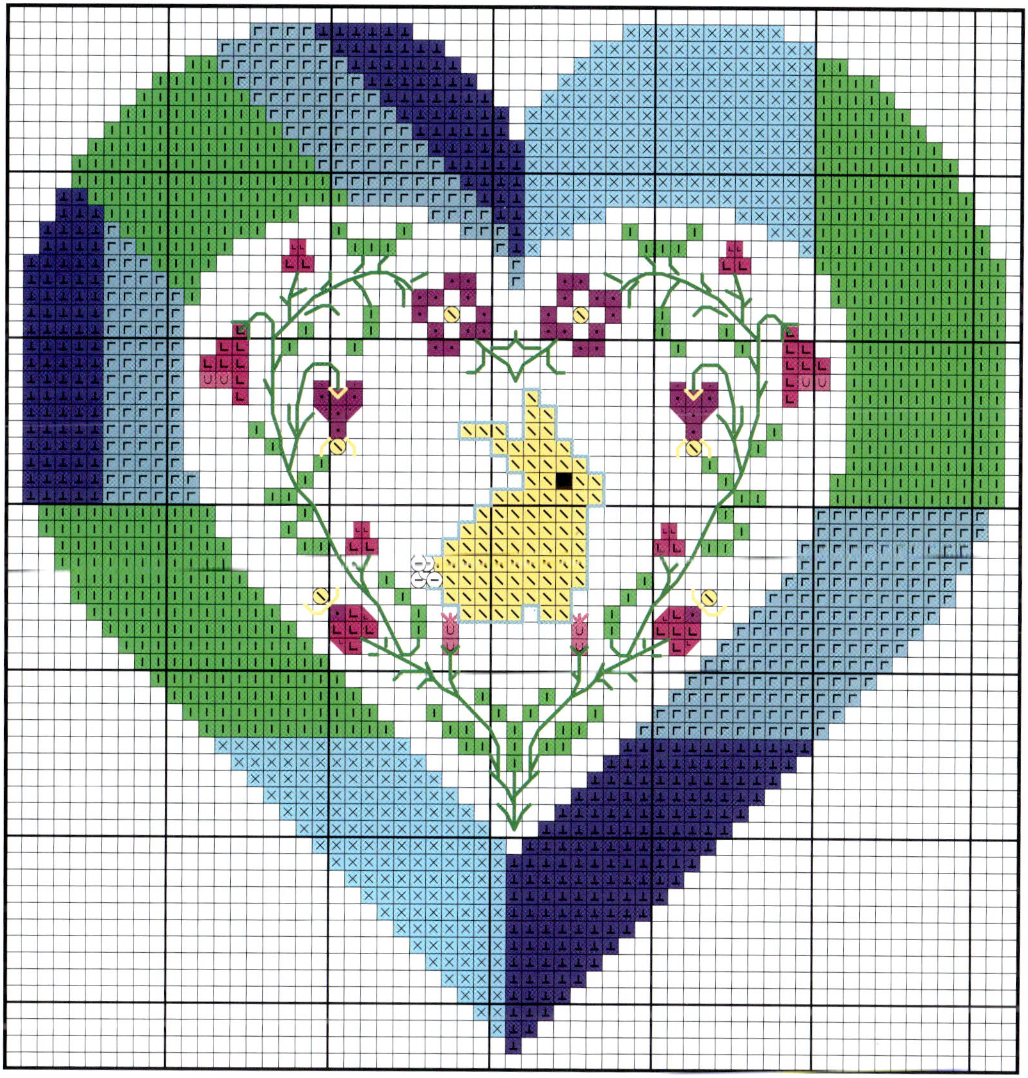

Farbige Abbildung Seite 12

Bienvenue

In den farbigen Blöcken hinter den Tulpen wird nur der Unterstich gestickt.

Blau, weiß, rot....

T 2666 \ 2797 ∩ 2909 – 2911 ○ 2912 > 2321 ⊥ 2820 : blanc ■ blanc

Steppstich: ——— 2321 Buchstaben umranden   Dekoration Art.Nr.1504

Materialverbrauch: 0,9 m Leinenband, Art.-Nr.: 901/200

DMC-Fil-Fleur-Garn: blanc, 2 x 2321, 2666, 2797, 2820, 2909, 2911, 2912

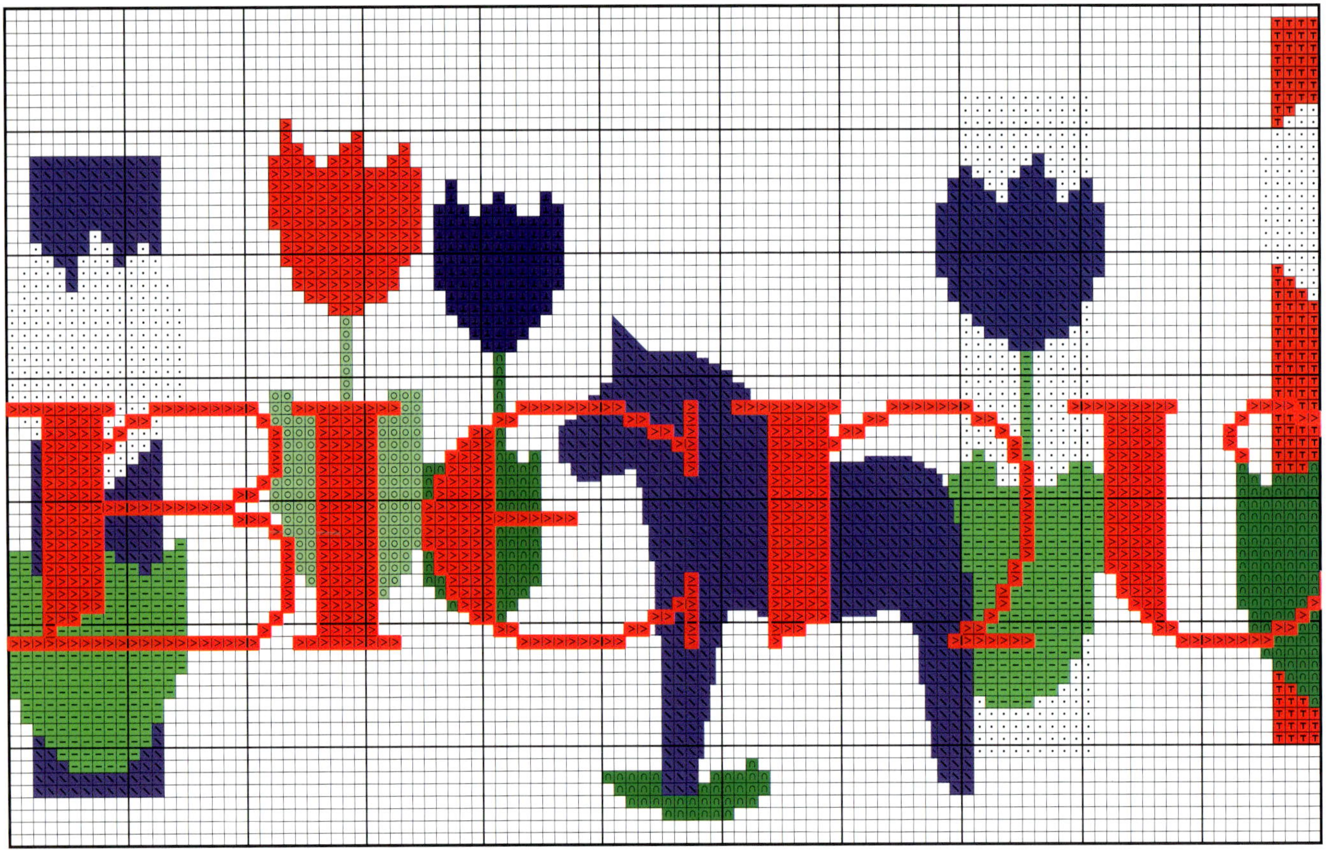

Blau, gelb, grün....

Farbige Abbildung Seite 2

2333 2909 2911 2912 2797 2788 2748 2333 2333

Steppstich: 2797 Buchstaben umranden

Materialverbrauch: 0,9 m Leinenband, Art.-Nr.: 901/200

DMC-Fil-Fleur-Garn: 2333, 2748, 2788, 2 x 2797, 2909, 2911, 2912
Dekoration Art.Nr.1505

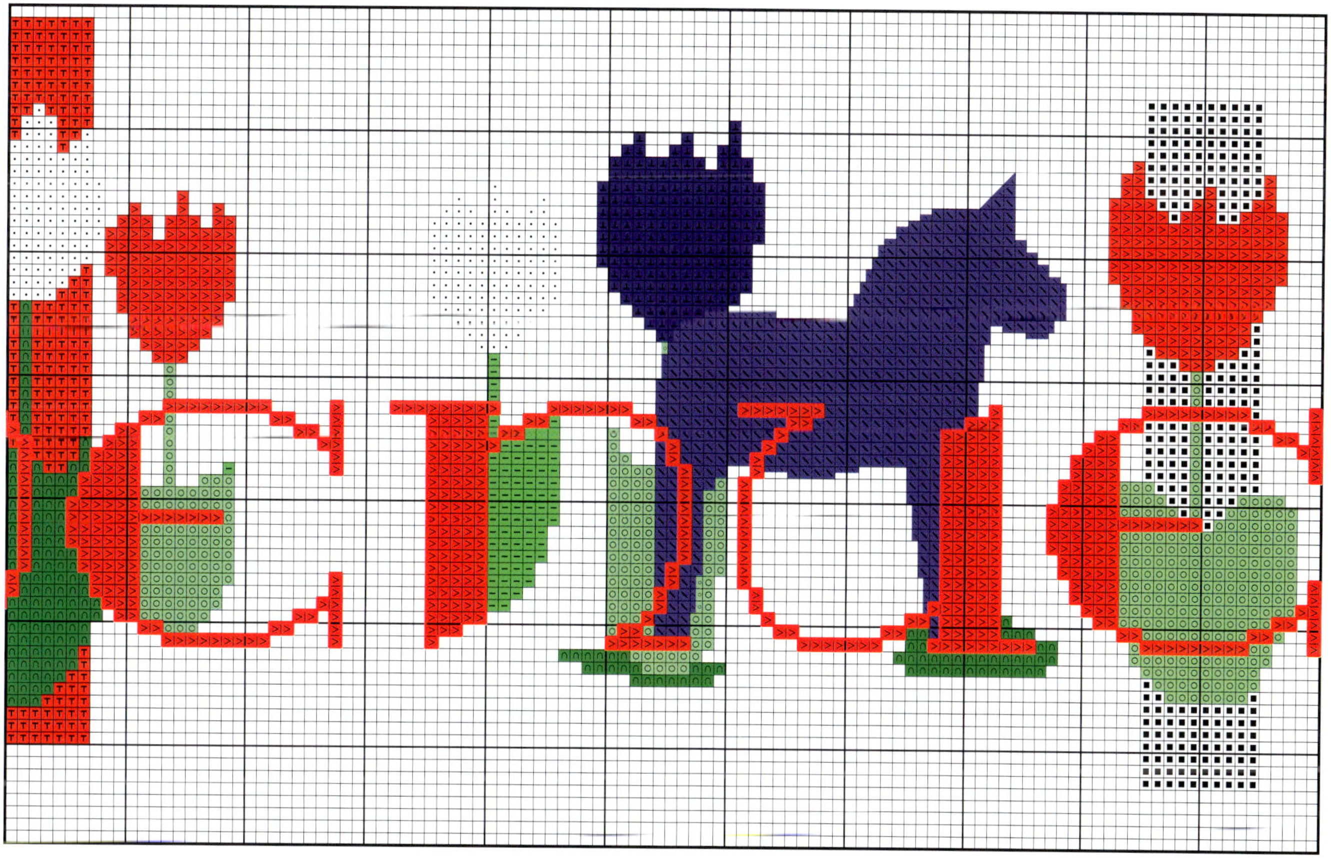

Herz trifft Herz

Farbige Abbildung Seite 11

2081 2084 2063 3832 3101 2088 2219 3311
2013 1022

Steppstiche: 3902 2084 2081

Knötchen: 2084 2081

Materialangabe:

Vaupel + Heilenbeck Garn : 2 x 2081, 2084, 3902, 3832, 3101, 2013, 1022, 3311, 2088, 2219, 2063

0,65 m Leinenband, 34 cm breit, weiß, Art-Nr.: 900/340
0,65 m Leinenband "L'Estate", blau/hell Art.-Nr.: 2000/170/119
0,60 m Leinenband 7 cm breit, weiß Art.-Nr.: 2010/70/119
0,55 m Leinenband, 2 cm breit, Art.-Nr.: 2010/20/119

Das große Herz und das große halbe Herz werden entsprechend der Abbildung angeordnet.

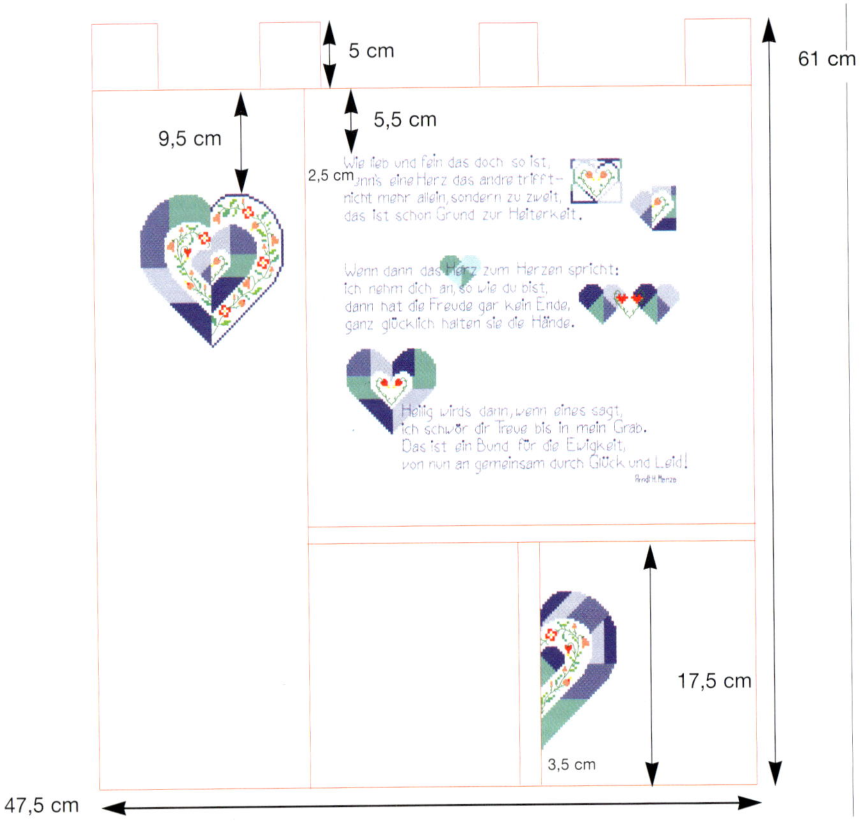

Dekoration Art.Nr.1508

o ist,
trifft –
zweit,
eiterkeit.
Herzen spricht:
bist,
in Ende,
e Hände.

Heilig wird's dann
ich schwör dir Tr
Das ist ein Bund
von nun an geme

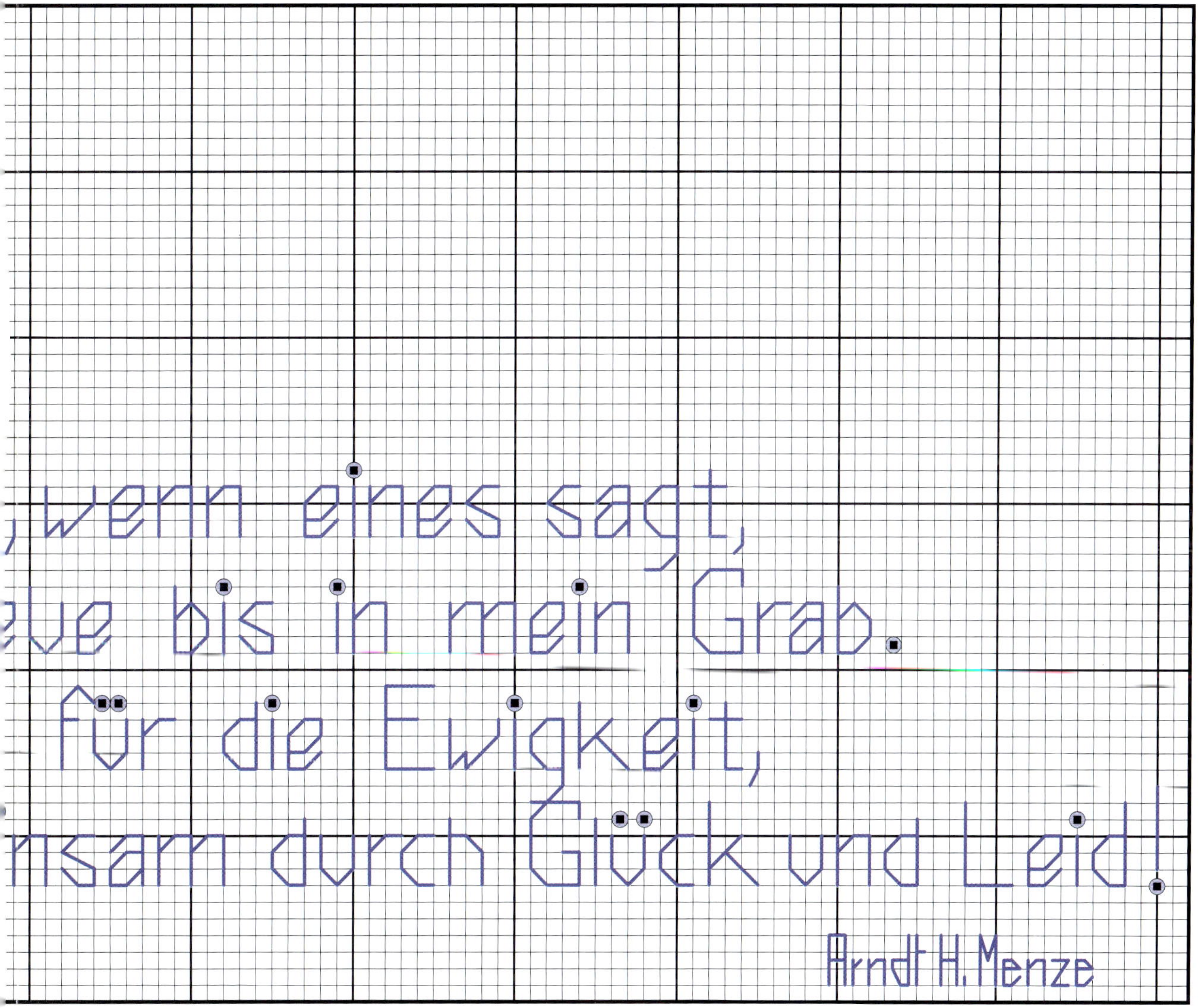
wenn eines sagt,
bis in mein Grab.
für die Ewigkeit,
durch Glück und Leid!
Arndt H. Menze

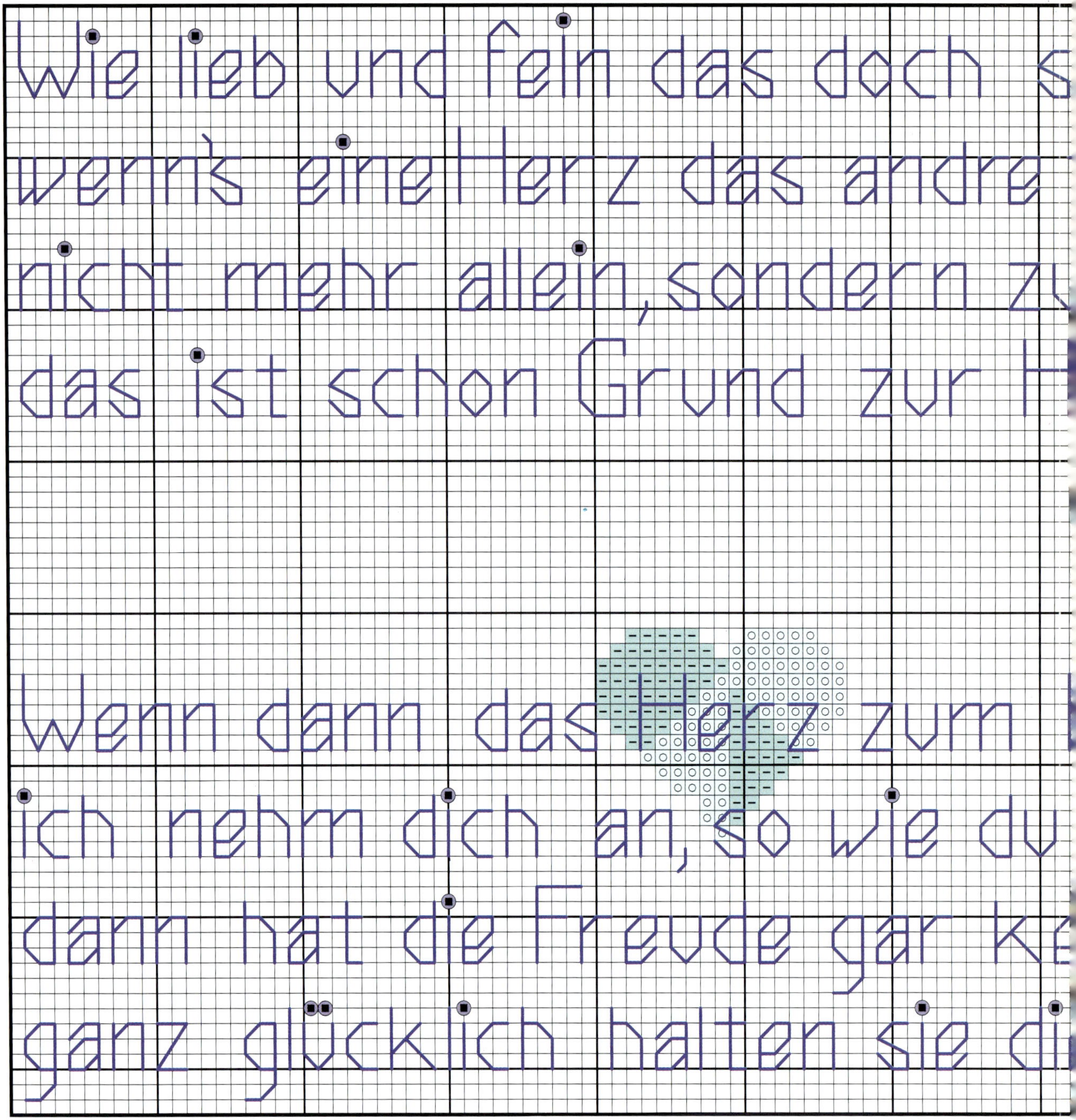
Wie lieb und fein das doch s
wenn's eine Herz das andre
nicht mehr allein, sondern z
das ist schon Grund zur H
Wenn dann das Herz zum
ich nehm dich an, so wie du
dann hat die Freude gar ke
ganz glücklich halten sie di

Farbige Abbildung Seite 11

Farbige Abbildung Seite 12

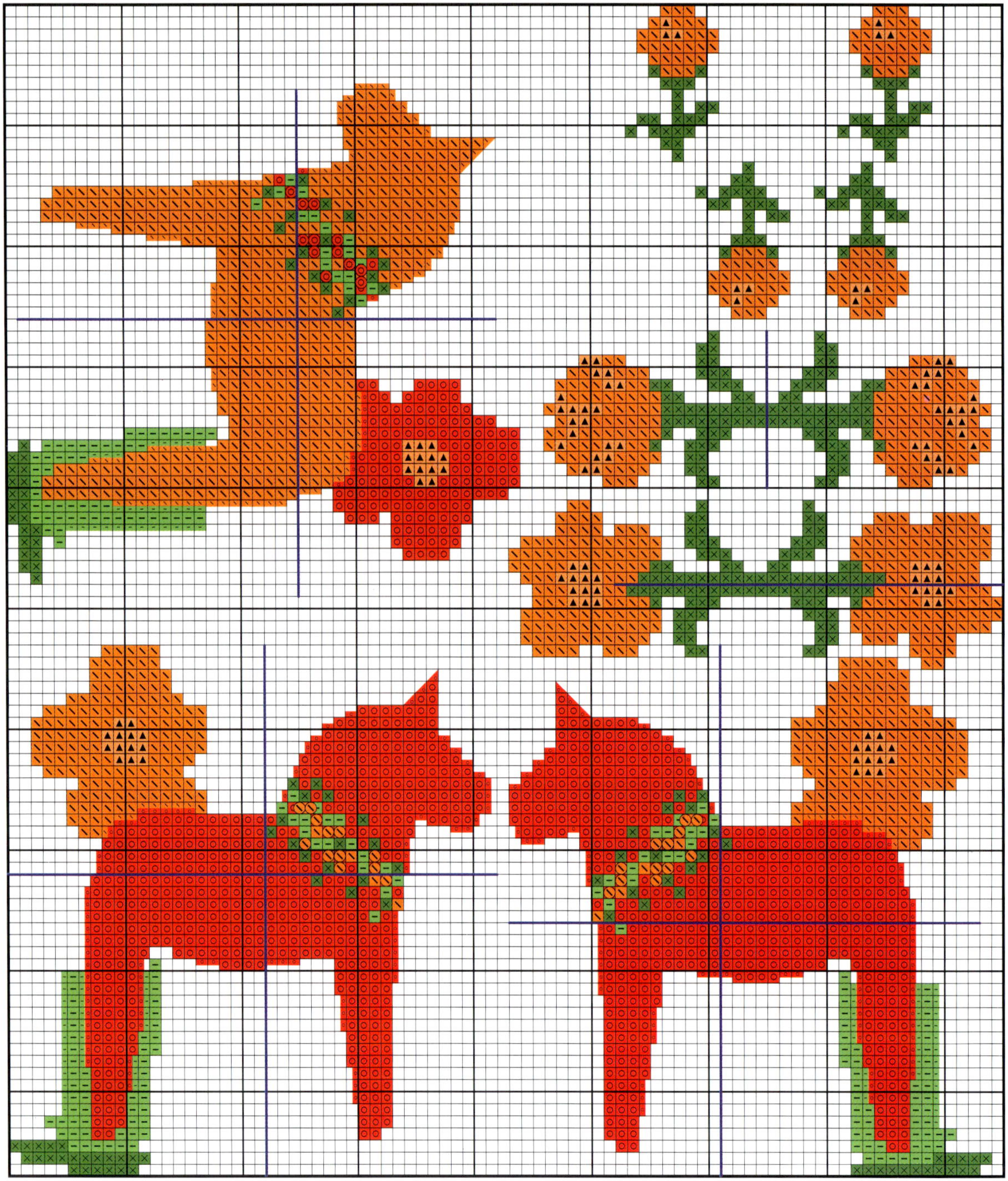

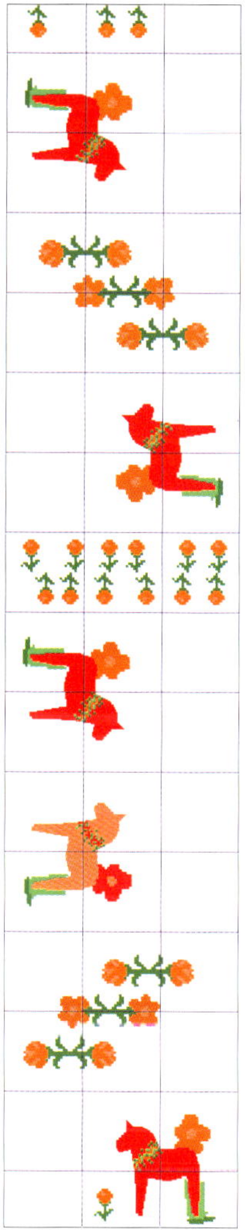

Schweden - Herbst

Farbige Abbildung Seite 12

2947 2986 2906 2666 2740

Knötchen: 2947 2666

Materialangabe: 1,80 m Leinenband, anno per anno, blau/grün, Art.-Nr.: 2020/200/207214

DMC Fil-Fleur Garn: 2 x 2666, 2 x 2947 2740, 2906, 2986

Setzen Sie die einzelnen Motive entsprechend der Abbildung auf das Karoband.
Dabei muss auf die korrekte Positionierung auf den Karogrenzen geachtet werden.

Die senkrechten und waagerechten Steppstichlinien werden nicht gestickt.
Sie dienen lediglich als Orientierungshilfe auf dem Karoband!!!
Dekoration Art.Nr.1515 Blütenkranz mit Pferd Art.Nr.1516

Gartenkränzchen „Campanula“ + „Fuchsie“

Farbige Abbildung Seite 10

Gartenkränzchen " Campanula " + " Fuchsie"

NN 2911 ZZ 2956 2952 2666 2836 2326 HH 2958 2797 2742

2415 SS 2818 2912 2798

Steppstiche: 2911 2400 2434 2818 2899 2742 2798 2413

Knötchen: 2326 2818 2742

Gänseblümchen in dichtem Steppstich gemischt mit blanc und 2899 sticken.

Materialangabe: beide Kränze: 0,70 m Leinenband, weiß mit türkisfarbenen Streifen, Art.-Nr.: 2010/160/124 Deko-Art.-Nr.: 1503

Fuchsie: 0,70 m Leinenband, Art.-Nr.: 2011/160/124 Deko-Art.-Nr.: 1501

Campanula: 0,70 m Leinenband, Art.-Nr.: 2010/160/119, Deko-Art.-Nr.: 1502

DMC-Fil-Fleur Garn: blanc, 2326, 2400, 2413, 2415, 2434, 2666, 2742, 2797, 2798, 2818, 2836, 2899, 2911, 2912, 2952, 2956, 2958

Farbige Abbildung Seite 10

Herz blau

Farbige Abbildung Seite 4

Herz blau

Farbige Abbildung Seite 4

3902 3822 2084 3006 1022 3001 2000

Steppstiche: 3902 3822 3006
Knötchen: 3006

Die Blütenranke wird doppelt untereinander gestickt. (Band nach Fertigstellung so nähen, wie im Fototeil zu sehen.)

Materialangabe: 0,60 m Leinenband, mittelblau, 17 cm breit, Art.-Nr.: 2013/160/213

0,50 m Leinenband, dunkelblau, 10 cm breit Art.-Nr.: 206/100/206 (Band bitte umschlagen, der Gesamtbreite anpassen)

0,20 m Leinenband, hellblau, 4 cm breit, Art.-Nr.: 212/40/212

Vaupel + Heilenbeck Garn : 1022, 2000, 2013, 2084, 3001, 3006, 3822, 3902
Dekoration Art.-Nr: 1517

Herz grün

Farbige Abbildung Seite 9

3902 2059 2084 2039 3311 3001 2000

Steppstiche: 2059 3902
Knötchen: 2039

Die Blütenranke wird doppelt untereinander gestickt. (Band nach Fertigstellung so nähen, wie im Fototeil zu sehen.)

Materialangabe: 0,75 m Leinenband, weiß, 20 cm breit, Art.-Nr.: 900/200

0,40 m Leinenband, grün, 10 cm breit Art.-Nr.: 207/100/207 (Band bitte umschlagen, der Gesamtbreite anpassen)

Vaupel + Heilenbeck Garn : 2000, 2039, 2059, 2084, 3001, 3311, 3902
Dekoration Art.-Nr.: 1518

Herzbügel einzeln Art.-Nr.: 6600

Herz grün

Farbige Abbildung Seite 9

Engelreihe

Farbige Abbildung Seite 16

1105

Materialangabe: Vaupel + Heilenbeck Garn : 3 x 1105

1,45 m Leinenband natur 7 cm breit Art.-Nr. 2011/70/823

Tip! Sticken Sie die Engel beliebig oft oder auch in verschiedenen Farben.

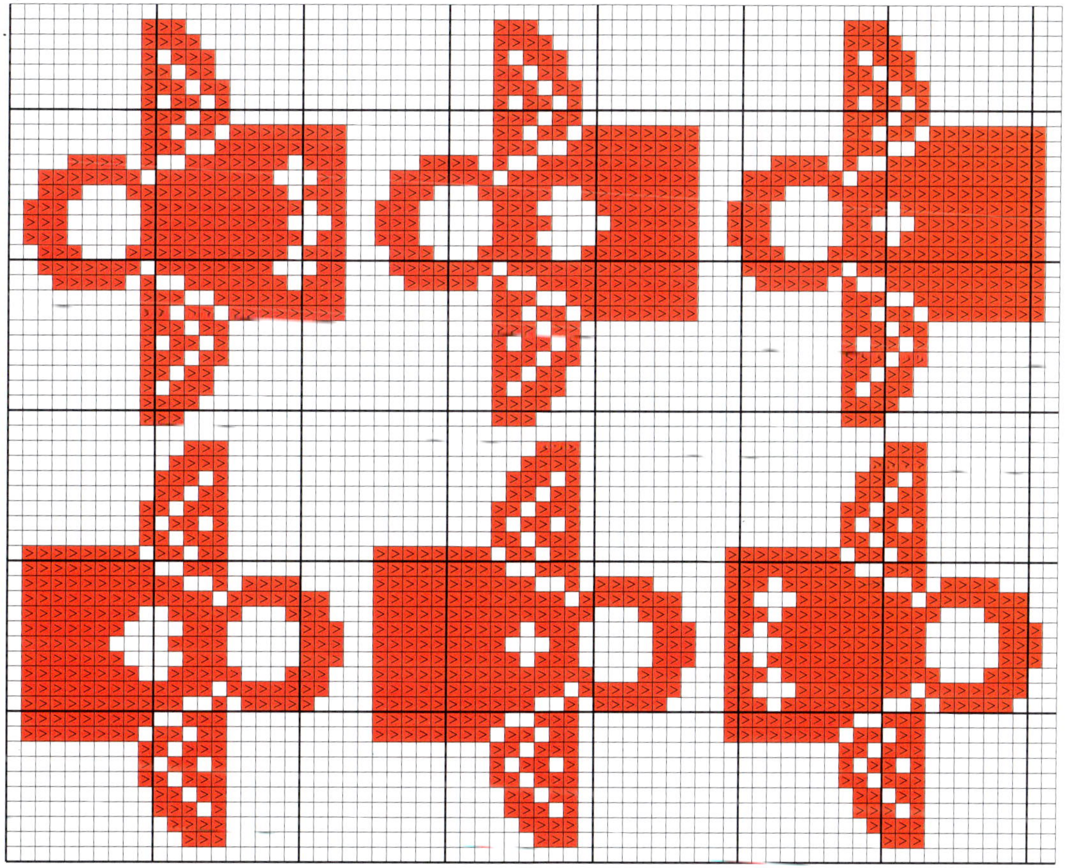

Farbige Abbildung Seite 13

Die Winters

Farbige Abbildung Seite 13

3042	3006	3432	1105	3741	2051	3405	3303

Steppstiche : 3405 3042 3741

Materialangabe : 1,40 m Leinenband " anno per anno " , 20 cm breit, Art.Nr. 2020/200/207/214

Vaupel + Heilenbeck Garn : 2051, 3042, 3303, 3405, 3432, 3741, 2 x 1105, 2 x 3006

Verteilen Sie "Die Winters" entsprechend der Abbildung auf dem Band.
Die Karogrenzen verlaufen direkt zwischen den Figuren.

Die waagerechten und senkrechten Linien dienen zur Orientierung. Sie werden nicht gestickt.
Dekoration Winterfloristik mit Winterkindern Art.Nr. 1519

Karierte Weihnachten

Farbige Abbildung Seite 15

1105   3832   3112

Materialverbrauch: 1,70 m Leinenband natur 16 cm breit Art.-Nr. 2011/160/823

Vaupel + Heilenbeck Garn : 4 x 1105, 2 x 3112, 4 x 3832

Die Motivteile werden von links nach rechts aneinandergesetzt und von der Mitte aus gespiegelt.

Tip! Hier können Sie sehr einfach auf blau/grün umstellen.

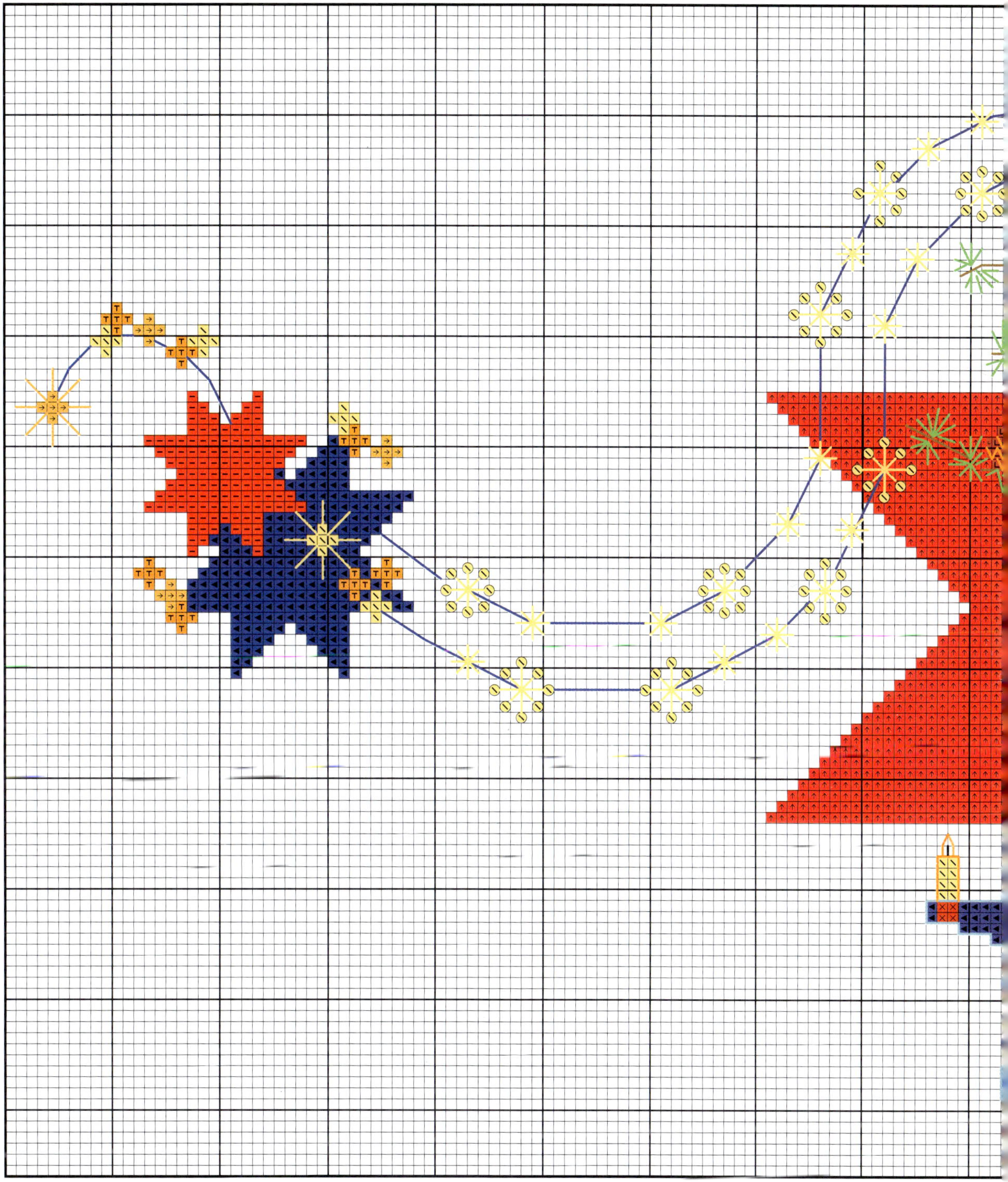

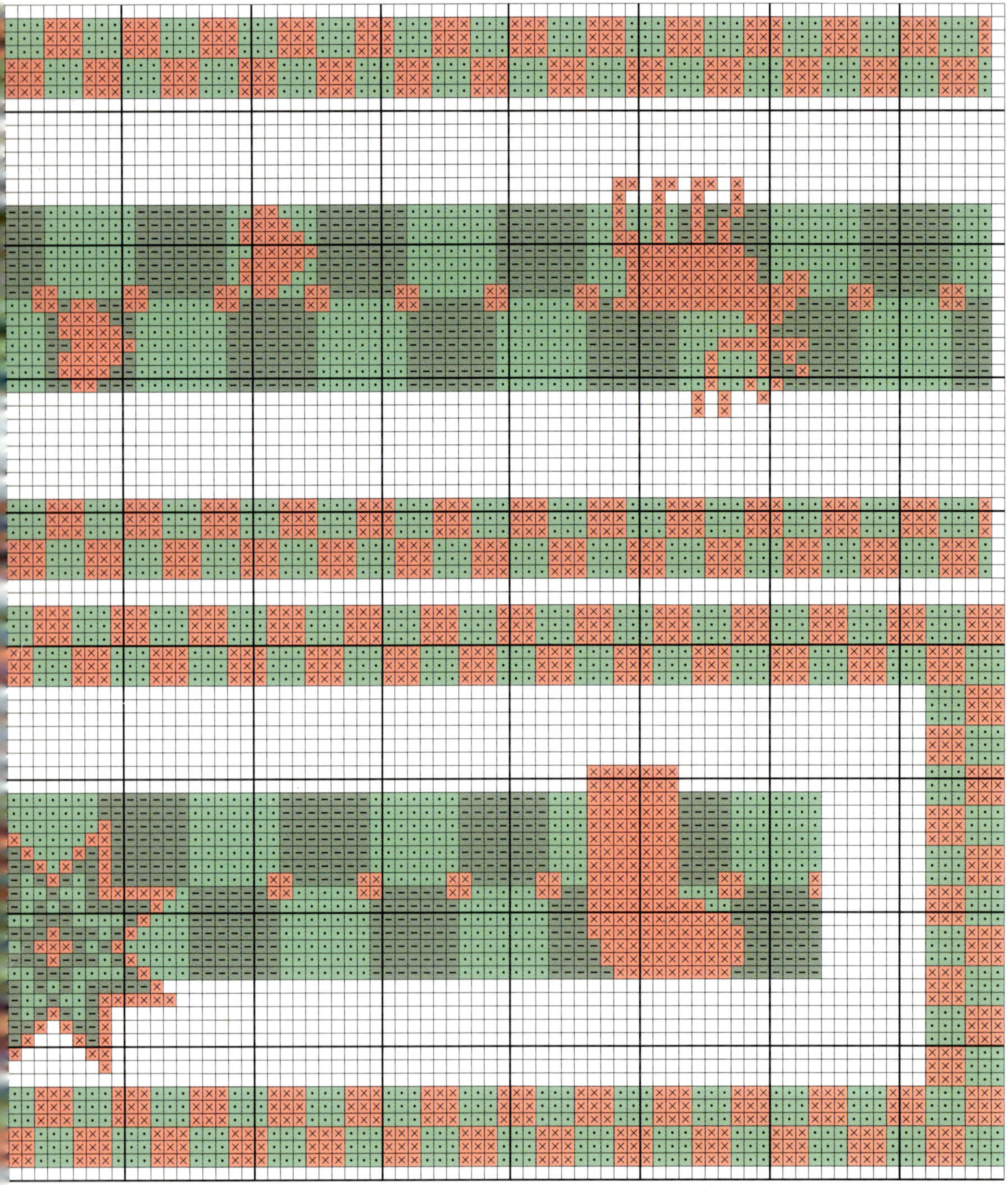

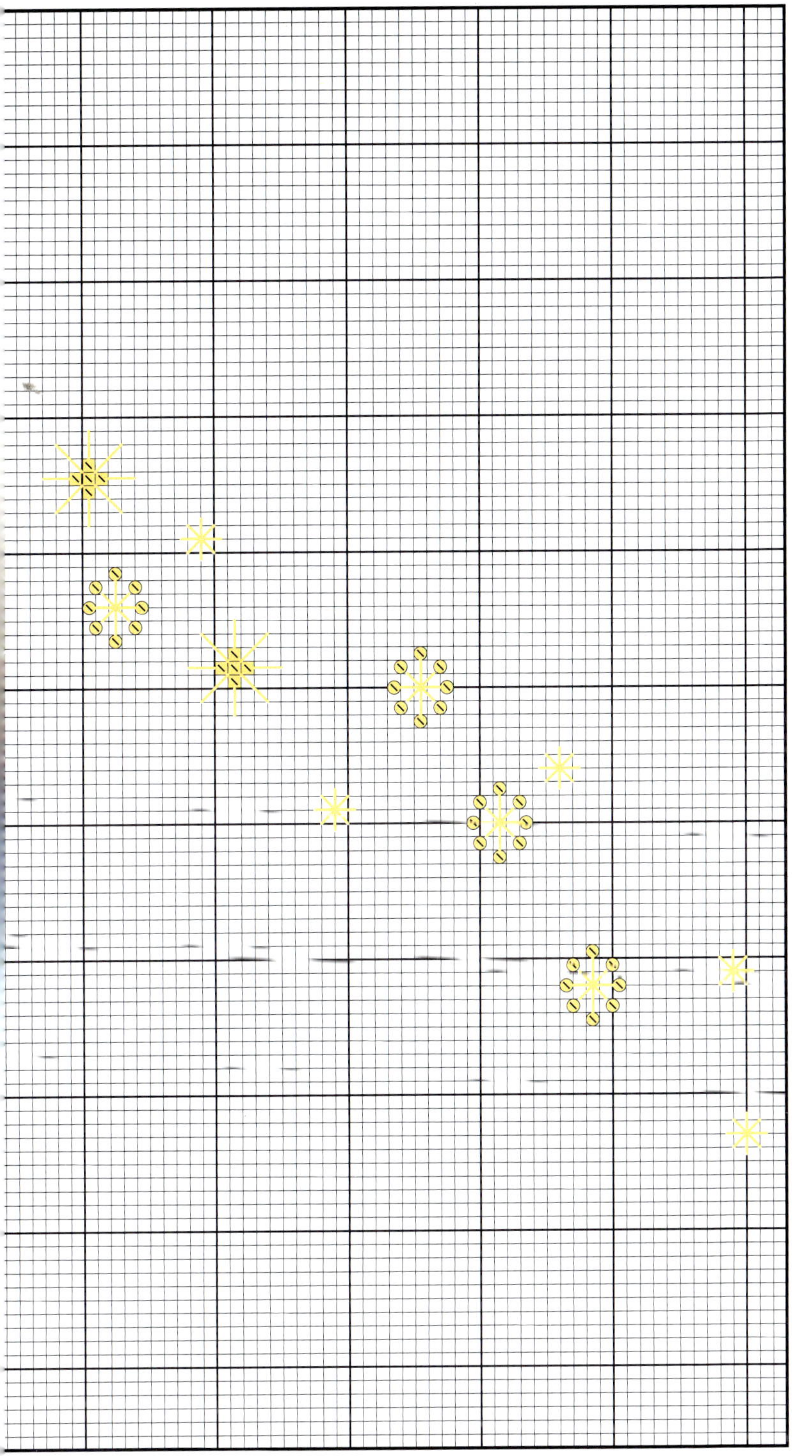

Himmelswege

Farbige Abbildung Seite 14

Himmelswege

Farbige Abbildung Seite 14

2310	2304	2890	2906	2472	2950	2783	2937	2471
2321	2400	2986	2797	2907	2666	gold	2725	

Steppstiche:

2666	gold	2310
2783	2320	2798
2730	2890	2400
	2319	

Knötchen :

blanc	2304
gold	2666

Materialangabe :

DMC Fil-Fleur Garn : gold, blanc, 2304, 2310,2319, 2320, 2400, 2471, 2472, 2666, 2725, 2730, 2783, 2797, 2798, 2890, 2906, 2907, 2937, 2950, 2986, 2 x 2321

1,0 m Leinenband natur 34 cm breit Art.-Nr. 903/340/3

Für den Bandabschluss Biesen nähen.

Freunde, blau

Farbige Abbildung Seite 14

3112 3202 1912 3403 1008 2071 3217

Steppstiche : Vogel : 3403
Füße + Schnabel des Vogels: 3217

Materialangabe : 0,70m Leinenband, 16 cm breit, Art.Nr. 2010/160/124
Vaupel + Heilenbeck Garn : 1008, 1912, 2071, 3112, 3202, 3217, 3403
Rahmen Art.Nr.94067Elch Bild: 10 x 10 cm Leinen, 12-fäd., gestickt in petit point
Dekoration Art.Nr.1521

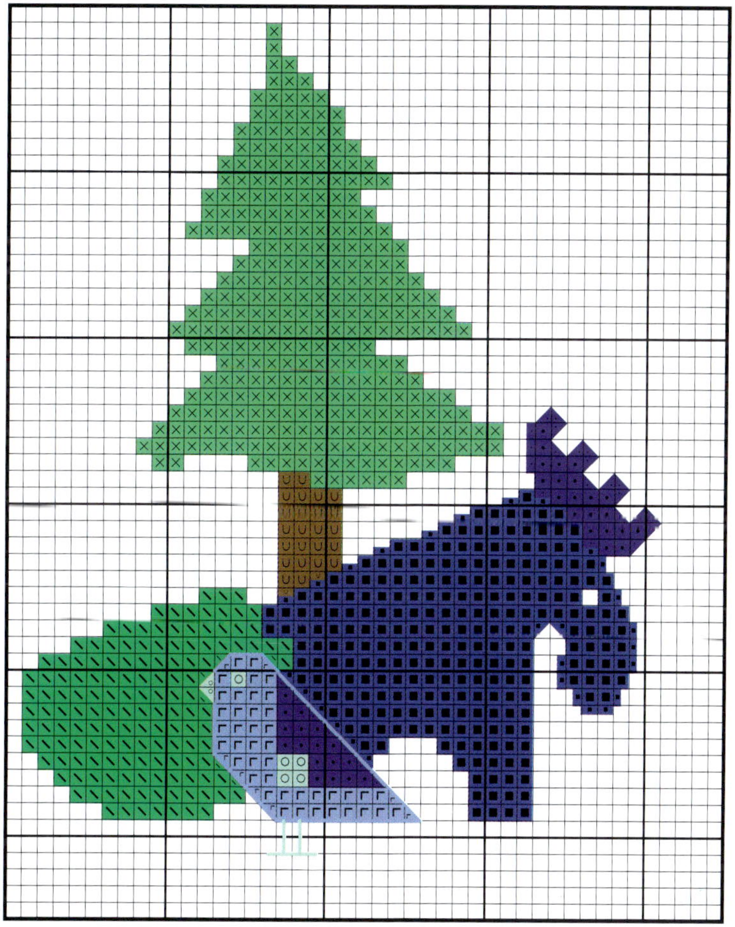

Farbige Abbildung Seite 13

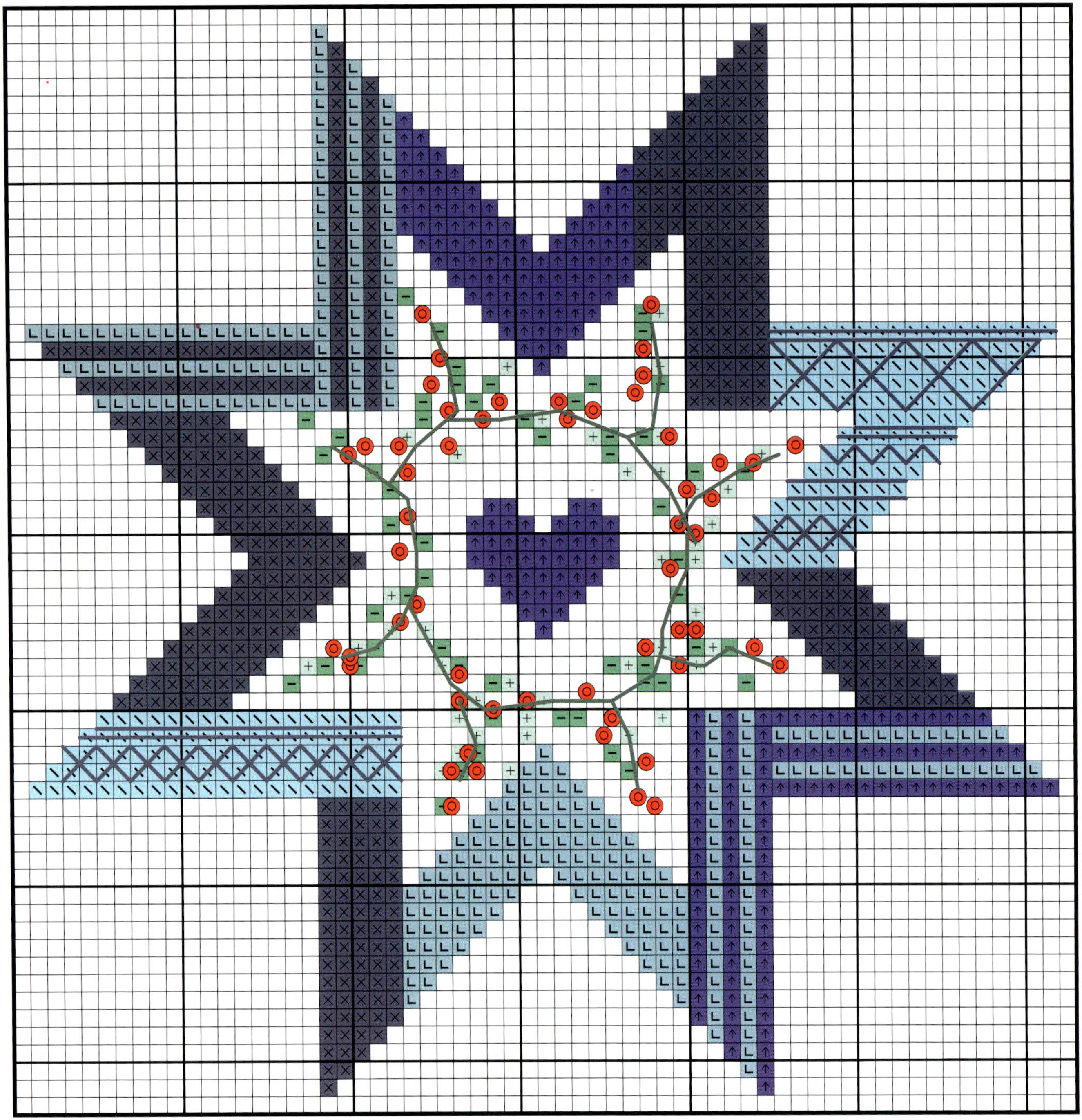

Patchworksterne blau und grün

Farbige Abbildung Seite 13

2337 2502 2503 2798 2797 2799

Knötchen: 2666

Steppstiche: blauer Stern — 2501, 2337

Steppstiche: grüner Stern — 2503, 2797, 2501

Materialangabe: ca 0,20 x 0,20 m gebl. Leinen, 12-fäd.

DMC-Fil-Fleur-Garn: 2337, 2501, 2666, 2798, 2797, 2799, 2502, 2503

Patchworksterne

Farbige Abbildung Seite 13

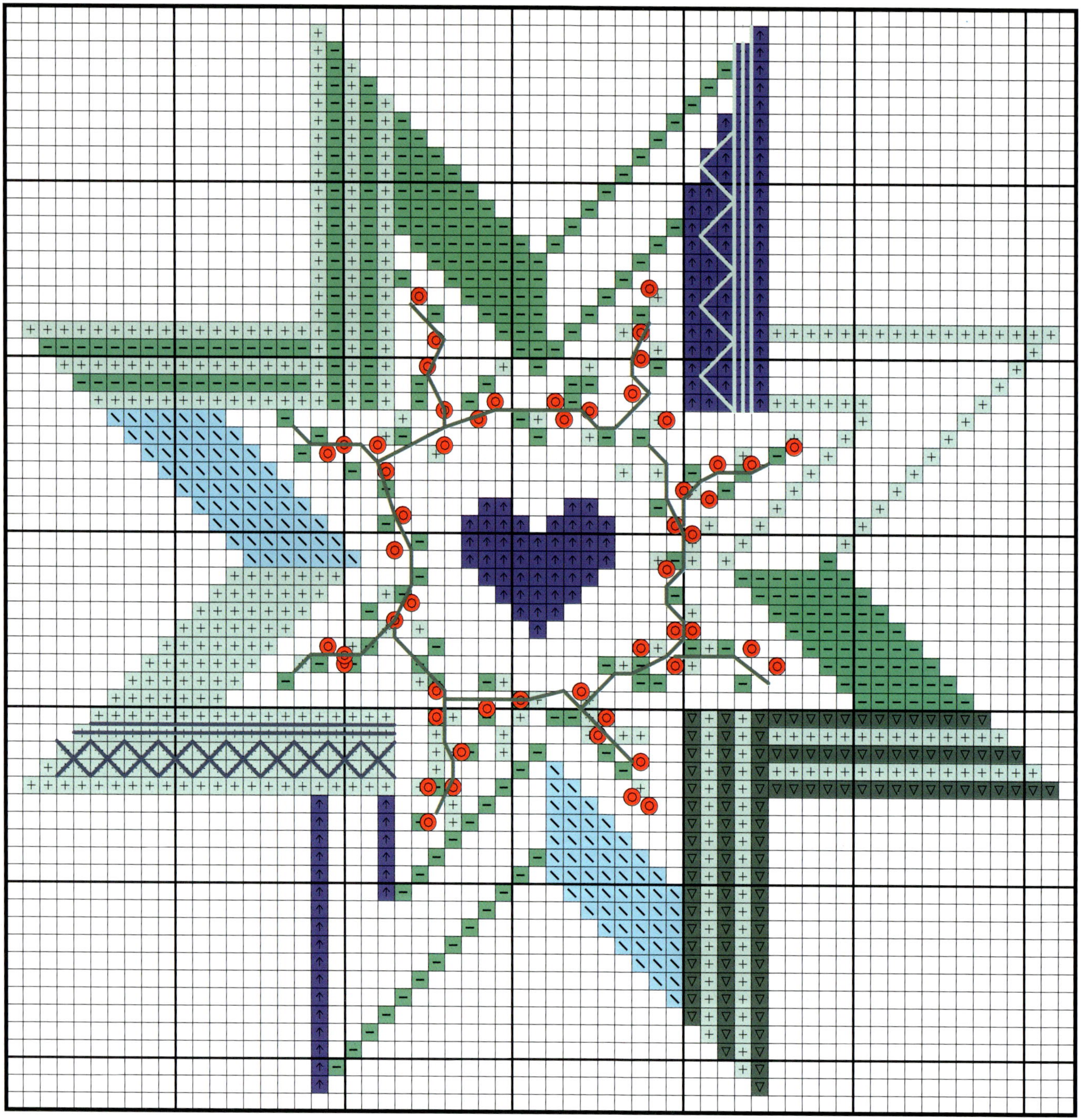

Freunde, grün

Farbige Abbildung Seite 15

1600	1105	2000	3722	3902	3001	3202

Steppstiche : den roten Vogel Ton in Ton umsteppen.
Füße des Vogels: 3722

Materialangabe : 0,75m Leinenband, 16 cm breit, Art.Nr. 2011/160/823

0,75 m Leinenband, 7 cm breit, Art.Nr. 2011/70/823

Vaupel + Heilenbeck Garn : 1105, 1600, 2000, 3001, 3202, 3722, 3902   Dekoration Art.Nr.1520

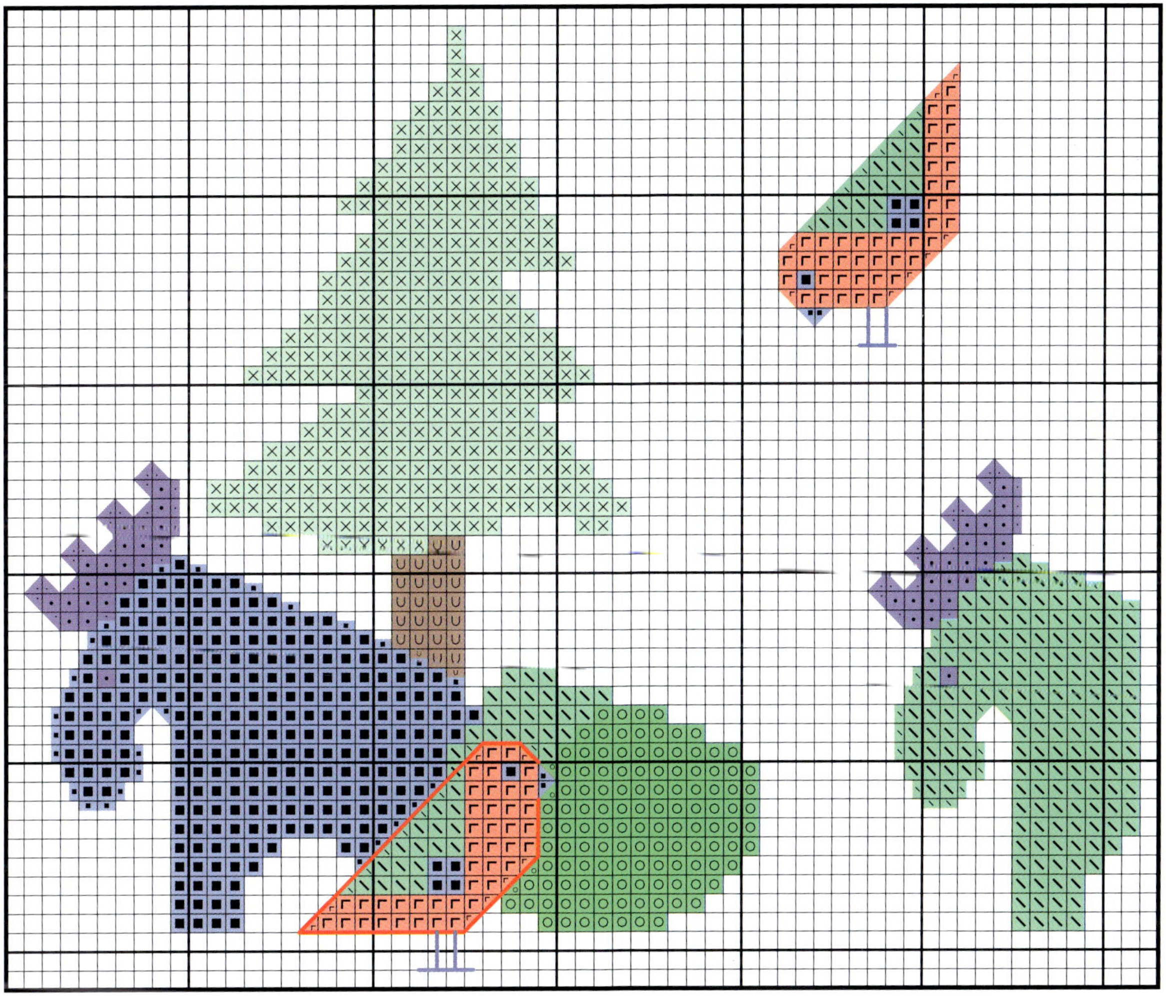

Der Kreuzstich

Stickkästchen □ — Gewebefaden

Stickfaden — Stickfaden

Symbolbeispiel

1/1 Kreuz

3/4 Kreuz

dito

dito

dito

1/2 Kreuz

dito

dito

dito

1/4 Kreuz

dito

dito

dito

4 x 1/4 Kreuze
= 1/1 Kreuz

Der Steppstich

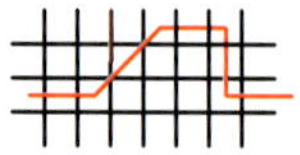

1/1 Steppstich

über 2 Gewebefäden

1/2 Steppstich

über 1 Gewebefaden

Der Knötchenstich

Symbolbeispiel:

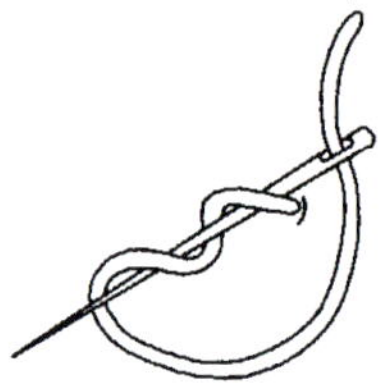

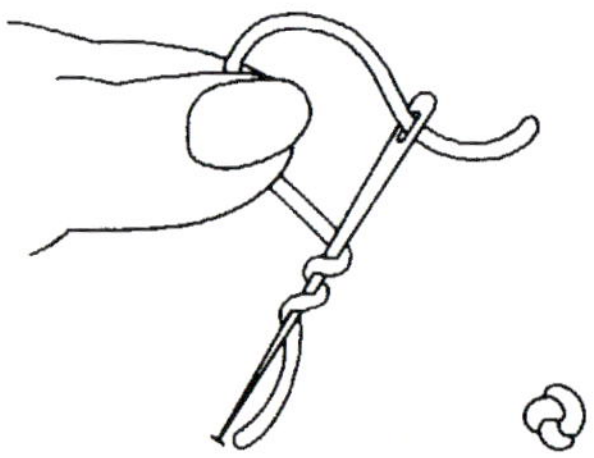

Farbton	DMC Fil-Fleur (Twist)	MEZ	V+H Bw.-Garn	HF-Garn
weiß	Blanc	1	3006	600
ecru	Ecru	1009	1001/1000	0
lila	2(209)	110	3332	-
lila hell	2(210)	109	3332	233
lila sehr hell	2(211)	342	3232	-
altrosa dunkel	2(221)	1027	-	4
altrosa mittel	2222 - (3354)	-	3532	323
altrosa hell	2(223)	-	2021	15
altrosa sehr hell	2(225)	1026	2052	1
schlammgrau	2241 - (451)	233	2091	32
schlammgrau hell	2280 - (453)	231	-	303
ziegelrot mittel	2303 - (3328)	1024	3305	13
leuchtend rot	2(304)	9046	2079	400
pink mittel	2(309)	28	2068	37
schwarz	2(310)	403	3042	240
mittelblau leuchtend	2(312)	979	3722	-
zartbordeaux mittel	2(315)	1019	2048	-
zartbordeaux hell	2(316)	1017	1821	-
grau mittelhell	2(318)	399	2002	19
tanne dunkel	2(319)	218	3902	210
tanne mittel	2(320)	216	3001	-
leuchtendrot mittel	2(321)	46	1105	400
mittelblau	2(322)	978	2022	-
mittelblau hell	2325 - (3325)	977	1022	-
pink dunkel	2(326)	29	2088	205
kräftiges altrosa dunkel	2(327)	896	2041	4
kräftiges altrosa mittel	2329 - (3733)	895	-	323
blauviolett kräftig	2(333)	119	2032	23
dunkelblau	2337 - (311)	148	3822	202
dunkelrot mittel	2346 - (498)	47	2400	411
orange dunkel	2(349)	333	3405	504
orange mittel	2(350)	329	2039	93
orange hell	2(351)	328	3311	-
orange sehr hell	2(352)	9	-	-
haut rosig	2(353)	6	-	12
ziegelrot dunkel	2354 - (3777)	-	-	-
ziegelrot hell/lachs	2(356)	1023	-	96
blauviolett hell	2358 - (3747)	117	-	-
blauviolett mittel	2359 - (340)	118	-	230
tanne sehr hell	2(369)	214	2000	231
schwarzbraun	2(371)	382	1712	-
lila matt dunkel	2394 - (550)	101	1005	-
lila matt mittel	2395 - (553)	99	-	5
lila matt sehr hell	2396 - (554)	96	-	233
lila matt hell	2397 - (209)	98	-	234
rostbraun dunkel	2(400)	351	3412	214
nougat mittel	2405 - (407)	1007	3312	-
nougat hell	2(407)	1008	3312	-
stahlgrau dunkel	2(413)	236	2023/3741	-
stahlgrau mittel	2(414)	235	-	20
stahlgrau sehr hell	2(415)	234	1450/3303	303
nußbraun mittel	2(433)	358	-	-
nußbraun mittelhell	2(434)	371	-	-
beige/sand	2(436)	369	-	250
grünoliv sehr hell	2446 - (3047)	802	-	47
grasgrün mittel	2(469)	244	3212/2001	10
grasgrün hell	2(471)	242	3732/3312	40
grasgrün sehr hell	2(472)	240	2099/3322	223
bordeaux sehr dunkel	2497 - (814)	72	-	29
blautanne sehr dunkel	2499 - (500)	224	-	-
blautanne dunkel	2(500)	212	3112	210
blautanne mittel	2(501)	210	1009	9

Farbton	DMC Fil-Fleur (Twist)	MEZ	V+H Bw.-Garn	HF-Garn
blautanne mittelhell	2(502)	209	-	8
blautanne hell	2(503)	208	-	224
blautanne sehr hell	2(504)	206	3217	231
lila grell dunkel	2531 - (552)	102	2011	-
lila kräftig mittel	2532 - (208)	111	3432	-
brombeer mittel	2570 - (3803)	68	1003	205
brombeer hell	2572 - (3733)	66	1002	-
brombeerrosa sehr hell	2574 - (963)	73	2096	-
stroh hell	2579 - (677)	956	2003	225
mattblau dunkel	2590 - (3750)	816	3722	220
mattblau mittel	2592 - (517)	979	3215	22
mattblau hell	2594 - (3761)	976	2016	229
türkis dunkel	2595 - (3809)	-	-	226
türkis mittel	2(597)	-	2219	-
türkis hell	2599 - (747)	-	3217	-
pink-blau	2(608)	86	-	-
grau-beige dunkel	2609 - (611)	393	-	215
schilf dunkel	2(610)	1050	3152	215
schilf mittel	2(611)	854	-	222
schilf sehr hell	2(613)	852	-	7
nougat dunkel	2(632)	371	1600	-
grau-beige mittel	2(640)	392	-	-
grau-beige hell	2(642)	391	-	-
grau-beige sehr hell	2(644)	390	-	-
hellrot kräftig	2(666)	335	-	97
stroh mittel	2673 - (3046)	945	2003	218
rosa kräftig	2706 - (894)	31	-	2
rosa kräftig matt	2708 - (3708)	26	-	69
hellstes grün	2715 - (772)	1042	2099	-
pink mittel	2719 - (607)	87	2073	37
zartbordeaux mittelhell	2724 - (316)	1018	-	235
senf mittelhell	2(725)	306	1932	-
senfgelb hell	2(726)	297	2074	48
gelb hell	2(727)	295	2084	31
zartbordeaux sehr hell	2728 - (3727)	969	-	232
grünoliv dunkel	2(730)	924	-	34
grünoliv mittel	2(732)	281	-	237
grünoliv hell	2(734)	280	-	26
sand	2(738)	367	-	25
gelborange kräftig	2(740)	304	2035	53
sonnengelb mittel	2(742)	303	1049	-
blaßgelb	2(743)	293	2061	123
blaßgelb hell	2(745)	292	3522/2022	31
sonnengelb hell	2748 - (743)	298	2084	48
haut rosigmatt	2(754)	868	-	1
lachs hell	2(758)	1022	-	113
lachs sehr hell	2759 - (3779)	-	2049	12
altrosa hell	2(760)	894	-	3
altrosa sehr hell	2(761)	893	-	-
safran	2766 - (976)	1048	2045	54
blau-grün-grau mitteldkl.	2768 - (3768)	851	-	-
schlammgrau mittel	2773 - (648)	232	2053/1400	19
wasserblau sehr hell	2(775)	975	-	33
pink hell	2(776)	25	-	69
haut rosa matt	2(778)	968	2051	1
braun-gelb-orange dkl.	2(782)	309	-	213
braun-gelb-orange mittel	2(783)	307	3302	203
hellstes maigrün	2788 - (704)	254	3505	505
grelles kobaltblau	2(797)	156	1485	17
himmelblau mittel	2(798)	155	2013	21
himmelblau hell	2(799)	154	-	304
eisblau hell	2(800)	153	2063	33

Farbton	DMC Fil-Fleur (Twist)	MEZ	V+H Bw.-Garn	HF-Garn
nußbraun dunkel	2(801)	360	3612	216
brombeer dunkel	2814 - (3685)	1029	2041	-
dunkelstes rot	2(815)	44	2089	411
kaltes blaßrosa hell	2(818)	23	2007	-
kaltes blaßrosa sehr hell	2(819)	271	-	-
kornblumenblau	2(820)	157	2071	-
dunkelstes blau	2(823)	150	3202/3102/3022	201
neptun blau	2(824)	148	3122	228
mittelblau	2(825)	164	2081	22
mittelblau hell	2(826)	162	2115/3216	22
mittelblau sehr hell	2(827)	161	3403	-
wasserblau sehr hell	2(828)	9159	2063	33
olivbraun dunkel	2(829)	906	1006	34
olivbraun mittel	2(831)	888	-	6
olivbraun hell	2(833)	887	3302	203/236
rostorange	2836 - (922)	1049	2059	-
schlammbraun dunkel	2(839)	905	1912	-
schlammbraun mitteldkl.	2(840)	889	3512	251
schlammbraun mittel	2(841)	832	1500	6
schlammbraun hell	2(842)	388	1007	250
tanne sehr dunkel	2(890)	683	3702	210
braun dunkel	2(898)	380	3612	216
pink mittelhell	2(899)	27	-	37
brombeer sehr dunkel	29(02)	72	3114	29
maigrün mittel	2(905)	258	3705	100
maigrün mittelhell	2(906)	257	-	101
maigrün hell	2(907)	256	3101	506
grüntürkis dunkel	2(909)	212	-	-
grüntürkis mittel	2(911)	210	3805	-
grüntürkis hell	2(912)	209	-	-
dunkelstes pink	2916 - (3607)	94	-	-
pink mittel	2(917)	88	-	-
rost dunkel	2(918)	341	-	-
rost mittel	2(919)	340	-	14
rost mittel hell	2(921)	339	-	95
rostbraun hell	2(922)	338	-	95
rost sehr hell	2923 - (754)	1013	-	93
blau-grün-grau dunkel	2(924)	675	-	226
blau-grün-grau mittel	2(926)	779	-	-
blau-grün-grau hell	2(927)	838	-	-
blau-grün grau sehr hell	2(928)	837	-	-
blau-grau dunkel	2929 - (3750)	1036	-	228
blau-grau mittel	2(930)	1035	-	-
blau-grau mittel-hell	2(931)	1034	2012	227
blau-grau hell	2(932)	1082	3922	229
blau-grau sehr hell	2933 - (3753)	1031	2033	33
grasgrün dunkel	2(937)	246	3602	237
dunkelstes braun	2(938)	381	3612	216
rotorange	2(946)	332	3005	504
orange	2(947)	316	-	-
hellstes beige	2(948)	926	1222	7
haut	2(950)	778	-	25
türkis hell	2952 - (964)	186	3217	-
türkis mittel	2(956)	188	1008/1250	509
türkis dunkel	2(958)	189	3112/3905	211
dunkelstes maigrün	2(986)	230	3832	100
türkis grell	-	-	3015	-
türkis grell	-	-	3115	-
graugrün	-	858	3222	-
zitronengelb	-	289	3321	-

Farb-Beispiel: lila Fil-Fleur 2209 / Twist 209 = 2(209)

Bitte beachten Sie beim Umwandeln der Farben in ein anderes Garn als DMC Fil-Fleur immer noch einmal, ob auch alle Töne gesamt miteinander harmonieren. Die hier im Vergleich angegebenen Farben sind so ähnlich wie eben möglich ausgesucht.

FELIX
Kreuzstichmuster

Luciakatzen zum Frühstück
Art.-Nr. 2500-4F
Rahmen-Art.-Nr. 92500-4F

Felix und Hexe Befana
Art.-Nr. 2500-5F
Rahmen-Art.-Nr. 92500-5F

Brief an Sophie
Art.-Nr. 2500-7F
Rahmen-Art.-Nr. 92500-7F

Adventskalender
Art.-Nr. 2500-1F
Rahmen-Art.-Nr. 92500-1F

Weihnachtsbrief
Art.-Nr. 2500-2F
Rahmen-Art.-Nr. 92500-2F

Bescherung für Sophie
Art.-Nr. 2500-3F
Rahmen-Art.-Nr. 92500-3F

Wichteltreffen mit Felix
Art.-Nr. 2500-6F
Rahmen-Art.-Nr. 92500-6F

Neue FELIX Kreuzstichmuster

Felix ABC
Größe ca. 80 x 35 cm
Art.Nr. 2500-15F

Felix der Weltenbummler
Größen ca. 14 x 18 cm
Art.Nr. 2500-10F

Felix träumt in der Hängematte
Größe ca. 32 x 00 cm
Art.Nr. 2500-15F

Felix fährt im Ballon
Größe ca. 30 x 23,5 cm
Art.Nr. 2500-8F

Felix lernt die Welt kennen
Größen ca. 45 x 28 cm
Art.Nr. 2500-9F

Felix und die Kinder dieser Welt
Größe ca. 80 x 35 cm
Art.Nr. 2500-13F

Felix in Paris
Größe ca. 29 x 27 cm
Art.Nr. 2500-12F

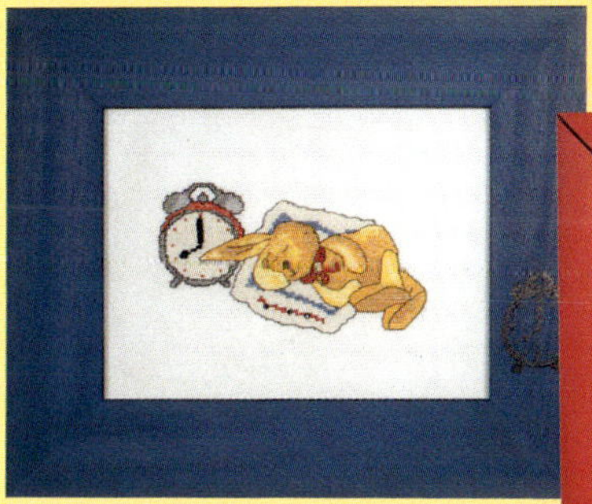

Felix lernt die Uhr
Größe ca. 38 x 46 cm
Art.Nr. 2500-16F

Zeit fürs Bett
Größe ca. 28 x 34 cm
Art.Nr. 2500-11F

DER MONDBÄR
Kreuzstichmuster

Aber er ist doch mein bester Freund ...
Größe ca. 31 x 29 cm
Art.Nr. 2600-1

Mondbär auf der Leiter
Größe ca. 21,5 x 56 cm
Art.Nr. 2600-4

Es war einmal ...
Größe ca.
31 x 30 cm
Art.Nr. 2600-3

Schlaf gut
- Träume süß
Größe ca. 26,5 x 21,5 cm
Art.Nr. 2600-2

acufactum
ute menze

Stickpackung Herzdecke
Art.-Nr. 2376
Größe 150 x 150 cm

Stickpackung Blüten ABC
Art.-Nr. 23491
Rahmen-Art.Nr. 923491

Stickpackung L` Estate
Art.-Nr. 2375